グローバルキャリアをめざせ！

USCPA

米国公認会計士
合格へのパスポート
〔第3版〕

経済・金融・経営 評論家
前金融監督庁（現金融庁）顧問

金児 昭 監修

国際資格の専門校アビタス代表
米国公認会計士
公認内部監査人

三輪 豊明 著

税務経理協会

監修のことば

　私のふるさと信越化学工業(株)の「稼ぎ頭」の米子会社シンテック(Shintech)の「Treasurer」(経理・財務部長)は，1973(昭和48)年(創立)から40年間ずーっと米国公認会計士(USCPA)のアメリカ人です。

　世界中のアメリカなど英語圏の子会社・関連会社の「経理・財務部課長」は，それらの国々のCPAかUSCPAです。また，英語圏以外の100カ国にある子会社・関連会社では，それらの国々のCPAが「経理・財務部課長」をしています。

　いま，世界中で，極めて多くの企業内会計士のほかに，税務専門，M＆A専門，経営コンサルタント専門，これらとはちょっと異質の会計監査専門，のUSCPAが大活躍しています。

　私のビジネスパースン「経理・財務」38年間の体験知識(Empirical Knowledge)では，USCPAの資格を持つ人たちは，世界中どこに行っても会社等(会社・店・個人企業・個人)の望む仕事をしっかりできると，高く評価されています。

　あなたが日本人なら，いま，日本国内で受験できるUSCPA試験に挑戦されることをお勧めします。会計監査の仕事も大事ですが，会計監査以外の「会社等のマネジメントに役立つUSCPA」になってください。

　いまや英語で，会社等の経営知識というBu－Ki(武器＝Weapon)＝Book(決算書)－Keeping(経営)＝Financial Statements－Managementも学ぶべき時代です。USCPA試験に挑戦することで英語をマスターする実力も自然についていきます。USCPA試験に受かっても偉ぶらず，これが出発点だと気を引き締めてさらに何か新たな勉強を始められることを切に希望します。社交ダンスもその一つです。

2012(平成24)年10月8日 (山中伸弥先生ノーベル賞決定の日)

金児　昭

はじめに

■自分の道を求めて模索の日々を過ごす

　本書のはじめに，著者である私自身の受験体験をご紹介しておきましょう。20年以上も前のことですので，変わってしまった部分も多くありますが，基本的な部分は現在の試験においても変わっていません。一例として参考にしていただければ幸いです。

　私は，東北大学在学中に，国の交換留学制度で，米国のカリフォルニア大学サンタバーバラ校に留学し，会計学を専攻しました。もちろん，その時点ではCPA受験など頭にありませんでしたが，後年CPAの受験学習に取り組んだときには，このとき学んでいたことが大いに役に立ちました。

　その後，日本の大手証券会社に就職して少し勤め，ある日本の大手通信機器メーカーに転職しました。初めはアメリカに2年駐在して，日本に戻って本社勤務となりました。次に香港に3年行き，日本に帰国後しばらくして，北京へ最後の海外赴任をしました。

　北京駐在時，年齢的にもそろそろ自分の道を考えたいと考え，思い切って会社を辞め，日本に戻ってきたのです。しかし，何をやるかが明確になっていたわけではなく，模索の日々を過ごしていました。

■まず財務会計の学習を先行させる

　そんな私がCPA受験を思い立ったきっかけは，たまたま新聞で見た日本人CPA合格者のコラム記事でした。CPAという資格があること自体は，米国に駐在していたときから知っていましたが，日本人は受験できないと思っていたのです。

　新聞記事で日本人でもCPAを受験できることを知り，チャレンジしてみようという気になったのです。それが7月の初めでした。

　私の場合，試しにまず財務会計の学習だけ先行してやってみるという方法を採りました。もしつまらなかったら，やめてしまうつもり

だったのです。人間好きでないものを無理にやっても長続きしません。ところが、やってみると私にとっては非常に楽しいものであることがわかりました。

日本の会計は、大学のときに授業でとったことがありますが、細かい仕訳など正直なじめませんでした。一方、米国留学中にも感じていたことですが、英文会計はあまり細かい議論がなく、すんなり入り込めたのです。基本的な会計の考え方や本質的なことだけを学習していけばよいので、それほど負担には感じませんでした。むしろ、現在価値とか時価主義であるとか、当時としては一歩も二歩も先を進んだ知識を吸収できることに魅力を感じました。

■3カ月で集中して学習し、試験にチャレンジ

これならおもしろいし、いけるぞと思い、8月に入ってから他の3科目を同時に学習し始めました。8月、9月、10月の3カ月間は学習に没頭です。家の近くに小さなワンルームマンションを借りて、朝から晩まで、生まれて初めてといっていいくらい一生懸命学習しました。

11月に試験を受けて、財務会計だけは残念ながら落ちてしまいましたが、他の3科目は合格できたのです。財務会計は翌年5月に再度チャレンジして無事合格しました。

以上が私のCPA試験合格に至るまでの経緯です。私の場合、短期間に集中して学習したケースです。

■覚えるそばから忘れて自己嫌悪に陥る

では、学習方法についてはどうだったでしょうか。私は、受験までの3カ月間は、1日10時間くらい(あくまでも、"くらい"ですが)を学習に費やす日々でした。

1日10時間として3カ月(90日)で900時間ですから、私の体験からも、だいたい1,000時間の学習時間というのが合格の目安です。

私がCPAを目指した頃は、いまのように注目される資格ではなかっ

たので，まだCPAの受験専門校もなく，当然，日本語のテキストもありませんでした。そこで，洋書の参考書を使って学習するしかなく，「Wiley」などぶ厚い洋書テキストを読み進める学習法でした。

学習を開始したばかりの頃は，過去問を片っ端から覚えていきました。しかし，覚えるそばから忘れていくのです。我ながらこんなにも記憶力が弱いのかと自己嫌悪に陥ったものでした。でも，これはどうやら記憶力の問題ではなく学習方法の問題だということがわかってきました。

そこで，学習の重点を少し変えてみました。洋書の参考書はボリュームがとにかくあるので，頭の整理をするためにカードを作ったのです。カードを作ることが目的ではありませんが，そうしないと学習にならなかったのです。

■段ボール一杯のカード学習で合格を勝ち取る

洋書のテキストを一から読解し，問題を解き，重要だと思われる要素を箇条書きにし，カード化していきました。高校受験や大学受験でよく使われる英単語カードのようなものです。こうして作った手製のカードを繰り返し反復学習し，3カ月間，来る日も来る日も続けていきました。最終的には，カードの量は段ボール1箱分にもなりました。

しかし，洋書のテキストを読みこなすのは正直いって大変でした。「日本語のテキストがあったらどんなにいいだろうか」と幾度ため息をついたかわかりません。そんな受験時代の経験があったからこそ，本書で提案している「日本語でインプット，英語でアウトプット」という学習法を提唱してきました。この方法で勉強すれば，皆さんは私のような苦労をせずに，合格できると信じています。

本書が，グローバルな活躍を目指し，これからの日本を支えてゆく方々の一助となれば幸いです。

三輪豊明

第3版刊行にあたって

　私がCPAを取得してから20年余りが経過しました。いまとなっては，当時では考えられない程，日本人のCPA試験受験者は増加しています。そのことはCPAの社会的なニーズが増し続けていることを裏付けていると同時に，CPA試験が持つ価値を風化させない先進性・信頼感の表れだと考えています。

　当時と比べても，学習する内容の基本自体は大きくは変化していません。しかし，その試験形態やCPAを取り巻く環境は大きく様変わりしました。試験はコンピューターでの受験となり，なにより日本でも受験が可能になりました。そして米国国内の資格という初期の位置づけから，いまや世界的な会計資格へとその意義を拡大し続けています。「試験のあり方を常に進化させていく。」そのこと自体がCPAの価値を保証する要素の1つになっています。

　昨今では日本の監査法人であっても，日本の公認会計士とCPAに価値差を設けていないといいます。また，事業会社に勤めている方が，経営能力を得る手段の1つとしてCPA試験に挑戦するというケースもあります。このような状況の変化をたどることによっても，改めてCPA試験の奥深さ，設計の巧みさを感じていただけるのではないでしょうか。

　今後もCPA試験の進化は続いていくことでしょう。CPA試験において今後も変わらないのは，能う人材に資格を授与し，市場に常に適材を送り込むという姿勢そのものだと言えます。

　この書籍は日本人にとってのCPA試験をわかりやすく解説したものです。常に変化していくCPA試験だからこそ，これまでこの書籍も変更をくりかえし，このたびの改訂にもつながっています。

　今後もより多くの方にCPAの魅力，CPA試験の醍醐味を伝えられるものとなれば，これ以上の幸せはございません。

　2016年9月

　　　　　　　　　　　　　　　　　　　　　　　　　　三輪豊明

グローバルキャリアをめざせ！
USCPA（米国公認会計士）
合格へのパスポート〔第3版〕
目　次

監修のことば …………………………………………………… 3
はじめに ………………………………………………………… 5
第3版刊行にあたって ………………………………………… 8

第1章　米国公認会計士（USCPA）ってどんなもの？

1　いま，求められるグローバル人材に必要なスキルとは？ …………………………………………………… 18
　┃┃┃グローバルに通用するコミュニケーション能力とは？／
　┃┃┃語学力と専門性を併せ持つ

2　世界中で通用するマネジメントスキル，USCPAってどんなもの？ ……………………………20
　┃┃┃グローバル化する経済で求められている資格／┃┃┃AICPA
　（アメリカ公認会計士協会）3つの世界戦略／┃┃┃「ハブ」となる
　グローバル資格取得の道

3　日本の公認会計士とどう違うの？ …………………23
　┃┃┃多様な働き方が可能／┃┃┃スタートラインに立たせる試験／
　┃┃┃学習時間は日本の公認会計士試験の約3分の1／┃┃┃会計
　知識がなくても，TOEIC 400点台からでも合格可能／┃┃┃グ
　ローバルに通用する

4 ビジネスの三種の神器を網羅する！ ……………28
▮▮「会計力，IT力，英語力」が身につく／▮▮英文財務諸表を読む力／▮▮ITの基礎知識はビジネスのプラットホーム／▮▮専門性を兼ね備えた英語力

5 期待が高まるUSCPAへの求人状況 ……………30
▮▮資格もグローバル競争の時代へ／▮▮募集要項にUSCPAの資格を明示する企業も

第2章　米国公認会計士(USCPA)試験の全体像をつかんでおこう

1 USCPA試験制度の仕組みと特徴 ……………34
▮▮USCPA試験はコンピューター試験／▮▮日本で受験できる／▮▮USCPA試験は全米統一の試験／▮▮科目受験が可能／▮▮科目合格の有効期限／▮▮結果通知と合格基準

2 USCPA試験の科目 ……………38
▮▮試験は4科目構成／▮▮FAR（財務会計）の中身／▮▮REG（法規）の中身／▮▮AUD（監査及び証明業務）の中身／▮▮BEC（ビジネス環境及び諸概念）の中身

3 受験日と受験地 ……………42
▮▮3カ月ごとに受験できる／▮▮国内2カ所，全米300カ所のテストセンターで受験可能

4 ライセンス取得とキャリア形成 ……………44
▮▮ライセンスを取得しよう／▮▮USCPAライセンスの種類

第3章　USCPA受験手続き7つのステップ

1 受験までの7つのステップ …………………………54
　受験までの流れを確認しておこう

2 【Step 1・Step 2】 単位取得状況を確認して出願可能な州を選ぼう …………………………60
　どこの州が出願可能か？

3 【Step 3】学歴評価を依頼する ………………62
　米国外の大学を卒業した場合は学歴評価が必要／　学歴評価，3つのポイント／　出身大学の英文の証明書類を用意する／　評価依頼手続きはWeb＋郵送／　評価依頼は半年前までを目安に／　米国大学卒業の場合は証明書を直送する／　評価結果で不足単位を確認しよう

4 【Step 4】出願手続き ……………………………66
　受験条件を再度確認しよう／　出願は願書の郵送またはオンラインで／　州によって異なる受験手続き／　出願手数料と試験料

5 【Step 5】受験票(NTS)を受領する …………70
　出願者には受験票が送られる／　NTS受領に関する重要事項

6 【Step 6】試験会場を予約する ………………72
　試験会場の空席を確認する／　受験日の予約変更も可能！

7 【Step 7】試験本番に臨む ……………………74
　試験会場に私物は持ち込めない／　合格基準は75点以上／　お勧めの受験パターン

第4章 USCPA試験の出題形式と内容を理解しておこう

❶ 各科目の出題形式 ……………………………………… 78
‖‖出題形式の中心は4択／‖‖科目ごとの問題構成／‖‖FAR／REG／AUDの出題構成／‖‖BECの出題構成／‖‖15分の休憩時間／‖‖MC問題には難易度の変化がある

◆科目1　財務会計（FAR） ………………………………… 82

MC問題

1　繰延税金の計上額は？ …………………………………………… 82
2　計上される減損額は？ …………………………………………… 83
3　減価償却費の計算 ………………………………………………… 84
4　有価証券の評価 …………………………………………………… 85
5　EPS ………………………………………………………………… 86
6　IFRSの基準設定機関は？ ………………………………………… 87
7　政府会計における報告内容 ……………………………………… 88

TBS問題

8　現金と現金同等物 ………………………………………………… 89

◆科目2　法規（REG） ……………………………………… 92

MC問題

1　ゼネラルパートナーシップ設立 ………………………………… 92
2　担保責任 …………………………………………………………… 93
3　会計士のライセンスと懲罰システム …………………………… 94
4　総所得 ……………………………………………………………… 95
5　パートナーシップ持分の課税基準額 …………………………… 96
6　項目別控除 ………………………………………………………… 97

TBS問題

7　Gross incomeに含まれる代表的な項 …………………………… 98
8　申告資格 …………………………………………………………… 101

◆科目3　監査及び証明業務（AUD） ……………… 104

MC問題
1. 監査手続（テスト）の方向性 …………………………………… 104
2. 内部統制の構成要素 ………………………………………… 105
3. 監査報告の種類 ……………………………………………… 106
4. 確認状の送付 ………………………………………………… 107
5. 独立性の欠如 ………………………………………………… 108
6. 統制環境 ……………………………………………………… 109

TBS問題
7. 売掛金に対する実証性テスト ………………………………… 110
8. レビューと調製 ……………………………………………… 114

◆科目4　ビジネス環境及び諸概念（BEC） ………… 117

MC問題
1. 損益分岐点売上高 …………………………………………… 117
2. バランスト・スコアカード …………………………………… 118
3. 資本コスト …………………………………………………… 119
4. マクロ経済学（景気循環） …………………………………… 120
5. IT 職務の分離 ………………………………………………… 121
6. コーポレート・ガバナンス …………………………………… 122

Written Communication 問題
7. 国際取引における戦略 ……………………………………… 123
8. 電子商取引 …………………………………………………… 125

第5章　USCPAを活かして自分の価値を高めよう〜USCPA取得者の実際〜

1　USCPA試験合格後に広がる5つの方向性 …… 130
　USCPA受験者の多くは30歳前後の会社員

2　転職でUSCPAを活かす ……………………… 132
　転職で有利に働く第二の武器としてのUSCPA

3 日本企業でUSCPAを活かす ……………………… 134
■資金調達のグローバル化がUSCPAの需要を押し上げる

4 外資系企業でUSCPAを活かす ……………………… 136
■米国，欧州，アジアの外資系企業で広がる活躍先／■米国系企業ではUSCPA資格がスタートラインとして必須

5 海外企業でUSCPAを活かす …………………………… 138
■本場米国で会計士として活躍するには／■実績に応じて昇進のスピードは速いのが魅力

6 会計事務所・コンサルティング会社でUSCPAを活かす ……………………………………………………… 140
■会計の専門家として将来性は十分／■国内の各企業でコンサルティング需要が急伸

第6章 USCPA試験に一発合格するための最適勉強法

1 試験は英語でも内容は日本語で理解しよう …… 144
■インプットは日本語で，アウトプットは英語で／■合否は英語力ではなく英文会計の基本的理解で決まる／■経理英語に関してハンデは小さい／■英語でのコミュニケーション力は合格後に磨く

2 1日1時間半1年間勉強すれば合格できる …… 148
■合格までの学習時間は700～1,000時間／■標準的な学習期間はおよそ1年間

3 USCPAを学習する上で前提知識は必要ない …… 151
■日本の簿記の知識や実務経験は不要

4 出題形式に応じた科目別勉強法 ……………………… 152
■膨大な問題データベースから出題される／■コンピューター試験ならではのTBS問題／■丸暗記では対応は難しい／■会計用語のマスターで大きな差がつく

5 科目別の学習方法はここがポイント①
　FAR（Financial Accounting & Reporting）
　＜財務会計＞ ………………………………… 157
▮基本知識の理解と計算問題の反復練習が重要／▮公会計は概念をしっかり理解すれば難しくない／▮TBS問題は問題演習で実力をつけよう

6 科目別の学習方法はここがポイント②
　REG（Regulation）＜法規＞ ………………… 159
▮基本的な法律理解が問われるREG／▮法律用語は抽出して暗記する／▮税法は規定の概要と申告手続きの流れを押さえる／▮TBS問題には法規の暗記と問題演習で対応する

7 科目別の学習方法はここがポイント③
　AUD（Auditing & Attestation）
　＜監査及び証明業務＞ ……………………… 161
▮全体像をつかむことが監査論攻略の鍵

8 科目別の学習方法はここがポイント④
　BEC（Business Environment & Concepts）
　＜ビジネス環境及び諸概念＞ ……………… 162
▮BECの出題範囲は多岐にわたる／▮記述問題は，コミュニケーションが焦点

第 1 章

米国公認会計士(USCPA)ってどんなもの？

CHAPTER 1

1 いま,求められるグローバル人材に必要なスキルとは？

▌ グローバルに通用するコミュニケーション能力とは？

今日,グローバル化という言葉を聞かない日はありません。地球の裏側の国や地域の経済状況が,すぐさま世界中に大きな影響を及ぼすのを私たちは日々,体験しています。

企業活動の場にも,もはや国境はありません。規模の大小を問わず,多くの企業が国境を越えてビジネスを行っています。より多くの日本のビジネスパーソンがグローバルに仕事をする機会が,急激に増えています。そのとき,もっぱら強調されるのは語学力,とりわけ世界共通言語となりつつある英語力です。確かに,昇進条件や採用条件に語学力を上げている会社も少なくありません。

でも,ここでちょっと立ち止まって考えてみましょう。グローバル(化に適応できる)人材と一言でいいますが,いったいどのようなスキルを備えた人材が「グローバル人材」でしょうか。

まず挙げられるのが,海外の子会社や海外で合併や買収した会社に行って,うまくコミュニケーションが図れる人でしょう。つまり,語学力といわゆるコミュニケーション能力です。外国の人とうまくコミュニケーションを図ろうとすれば,日本のような「あうんの呼吸」は通用しません。自分の考えを的確に表現する論理的な思考力や表現力も求められます。

そして,もう1つ欠かせないのが専門性です。どれだけ,語学が堪能であっても,専門的な力がなければ言葉が通じても仕事にはなりません。仕事にならなければ,外国人の部下やお客様,取引先の人たちから,ビジネスで最も大事な信頼・信用を得ることも不可能でしょう。

語学力と専門性を併せ持つ

では，語学力とビジネスの専門性を持っていることを，どうすれば判断したり，アピールしたりできるでしょうか。

その1つに，USCPA（米国公認会計士，以下CPA）資格の取得があります。

次項以降で詳しく述べますが，公認会計士といっても，日本の公認会計士とはずいぶん異なります。日本の公認会計士は，監査業務に就く人がほとんどですが，アメリカではCPA取得者の多くが事業会社の経理・財務部門で働いています。経理・財務部門だけでなく，欧米では財務は経営の基本ですから，例えば営業関係や技術関係のマネジメント層もマネジメントの基盤として財務の知識を得ています。

アメリカの大学では，企業内で即，役立つような実務的なスキルを多く学びます。そして，多くのビジネスパーソンが即戦力となる資格を取得します。その1つがCPAなのです。

グローバル人材の必須スキルは「専門性と英語力」

CPAで専門性と英語力を同時に身につけて，
即戦力のグローバル人材としてアピールしよう！

2 CPA CERTIFIED PUBLIC ACCOUNTANT

世界中で通用するマネジメントスキル，USCPAってどんなもの？

▍グローバル化する経済で求められている資格

　CPAは，世界で最も注目されている資格の1つです。その合格者は，高い会計知識や，ITをはじめとするビジネス知識，そして専門分野についての英語力を備えている人材として，日本国内外の様々な分野で活躍しています。

　ちなみに，CPAとは，Certified Public Accountantの頭文字をとった略称で，文字どおり「公認された（Certified）会計士」を意味します。「公認」するのは，米国各州の政府です。米国はご承知のように，消費税や法律なども州によって異なり，州が1つの国のような形をとっている「合衆国」です。その州政府が認定する会計士の資格がCPAです。会計士業務が行えるのは，認定を受けた州に限られます。

　では，CPAは，なぜ日本国内外のビジネスパーソンから注目されているのでしょうか。その理由は，ビジネスに役立つという観点から，次の2つに集約できます。

　①CPAがビジネス知識の宝庫である，②IFRS（国際会計基準）に象徴されるグローバルビジネスの現状に対応している。

　CPAは経営判断，企業分析に不可欠な「会計知識」だけでなく，現代の業務フローを理解するために必要な「IT知識」や会計用語，ビジネス用語に関する専門的な「英語力」が求められます。加えて，今後，主要国の会計基準の内容がIFRSに統一化される方向にあり，米国会計基準もその方向に進んでいます。

　実際，CPAの試験にはIFRSが取り入れられており，CPA取得はビジネスに欠かせない会計知識の世界共通言語取得の証ともいえます。

▍AICPA（アメリカ公認会計士協会）3つの世界戦略

　CPA試験は，2004年からいまのように変化してきました。AICPA（アメリカ公認会計士協会）が2000年代半ばから，USCPAの世界展開に舵を切ったのです。

　ここで，その変化と戦略をまとめて見ておきましょう。具体的には，次の3点です。

1．CPA試験のコンピューター化（2004年）

　従来の，ペーパーベースの試験から，CBT（Computer based Testing）へ移行した主な目的は，利便性の向上（年2回の実施からほぼ毎日受験可能）にありましたが，もう1つの目的は，将来の米国外での試験実施に向けてのインフラ整備であったと思われます。

2．相互承認協定の締結（2004年）

　AICPAは，2004年にカナダ，メキシコ，オーストラリア，ニュージーランド，アイルランドの会計士協会と相互承認協定を調印。2011年には，香港の会計士協会とも協定を締結しました。

　今後，韓国や中国などがAICPAとの相互承認協定を立ち上げれば，日本の公認会計士資格との相互承認についても議論が始まるでしょう。

3．試験の米国外での実施（2011年）

　2011年8月より，日本及び中東諸国で，2012年2月からは，ブラジルでもUSCPA試験の受験が可能になりました。AICPAの米国外での試験実施地域は今後も拡大していく見通しです。

▌ 「ハブ」となるグローバル資格取得の道

　ビジネスのグローバル化を背景に，AICPAは以上3つの方策を組み合わせ，米国公認会計士資格のグローバル化を戦略的に進めています。

　従来，会計プロフェッショナルを目指す場合，自国の会計士資格を取得するのが当たり前の道でした。

　しかし，今後は，グローバルなキャリアを目指す人の場合，まず，CPAに代表される「ハブ」となるグローバル資格を取得し，その後，相互承認の仕組みを利用して，ローカル資格も取得していく方法も可能になってきました。

　AICPAのこうした戦略によって，CPAは世界中で通用するマネジメントスキルとして，グローバル人材養成が求められるいま，日本でも注目を集めているのです。

だからCPAは世界中で通用する！

ビジネス知識の宝庫
- 経営判断，企業分析に不可欠な「会計知識」
- 現代の業務フローを理解するために必要な「IT知識」
- 会計用語，ビジネス用語に関する専門的な「英語力」

グローバルビジネスの現状に対応する
- 今後，主要国の会計基準がIFRSに統一化される見込み
- 「会計」という分野が世界で共通化
- 会計士資格の相互承認で，グローバルに活躍できるチャンスも

3 CPA CERTIFIED PUBLIC ACCOUNTANT

日本の公認会計士とどう違うの？

▌ 多様な働き方が可能

先にも紹介したように，日本の会計士試験合格者の多くは監査の仕事に就きますが，CPAホルダーには，企業の経理・財務で働く人がたくさんいます。

米国で監査業務を行うには，その州のCPA資格が当然，必要です。しかし，CPAホルダーの活躍の場はそれだけに留まりません。CPAホルダーは，広く様々な組織や企業で活躍しています。どんな組織や企業でも通用する「汎用性」のある，幅広い知識を獲得しているからです。

▌ スタートラインに立たせる試験

もちろんCPAは，「専門性」も併せ持ちます。

専門的な知識を身につけるには，時間と学習が必要です。

日本の公認会計士試験は，日本でも難関の国家試験です。4科目の短答式試験に合格した後，5科目の論文式の試験に合格しなければなりません。2016年の合格者数は1,108人。合格率は10.8％に留まっています。

一方，CPA試験は，4科目の選択式試験で科目別受験が可能です。各科目の合格率は，全米平均で40％台です。

試験方法や合格率に差がありますが，CPAの水準が日本の公認会計士と比べて低いと考えるのは大きな誤解です。

その差の原因は，資格試験に対する考え方の違いにあると考えられます。

日本の公認会計士試験は、合格者の定員を絞った競争試験、すなわち「落とす試験」であり、入り口を狭き門とすることで、プロフェッショナルの水準を保とうとする考え方に立っています。

　比べて、CPAは、「落とす試験」ではなく、「スタートラインに立たせる試験」です。そのため、一定レベルの知識水準を証明できれば、皆合格させます。その上で、合格した有資格者相互の競争を通じて、資格保持者の水準の維持を図っているのです。

　一概には言いがたいのですが、米国型の考え方は、合理的なのかもしれません。プロフェッショナルとしての資格や能力は、一度の資格試験で図られるべきものではないからです。

　その意味では、最初の敷居を低くして、その後の競争で切磋琢磨させたほうが、長い目で見て水準の維持につながるのではないでしょうか。

▮ 学習時間は日本の公認会計士試験の約3分の1

　先述のとおり、日本の公認会計士試験は、司法試験と並んでわが国で最も難しい国家資格試験の1つです。それは、学習時間の面でもはっきりしています。

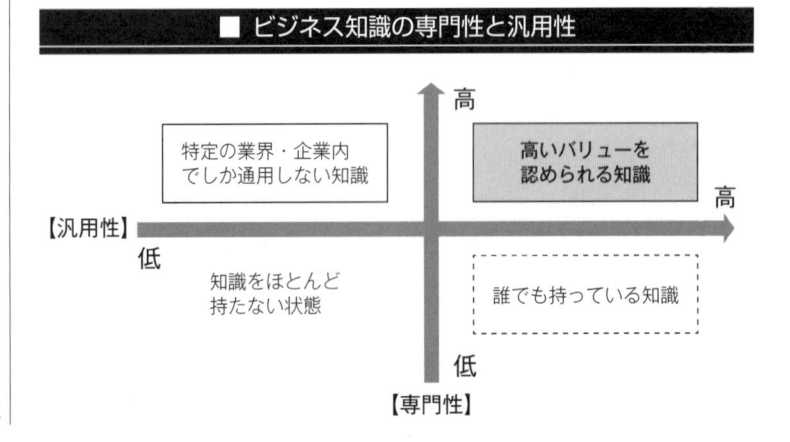

■ ビジネス知識の専門性と汎用性

- 特定の業界・企業内でしか通用しない知識
- 高いバリューを認められる知識
- 知識をほとんど持たない状態
- 誰でも持っている知識

【汎用性】／【専門性】

日本の公認会計士試験は，合格までには，受験に必要な実務を除いた単純な勉強時間だけでも3,000時間から3,500時間といわれています。

　しかも，試験は短答式と論文式に分かれており，これに合格した後も２年以上の実務補習を受け，日本公認会計士協会が実施する最終考査（ここでは約65％が合格します）を経て，ようやく，公認会計士として登録することになります。つまり，資格取得まで早くても数年かかってしまうのです。

　一方，CPA試験合格までに必要な勉強時間は，通常700時間から1,000時間です。日本の公認会計士試験に比べて約30％の勉強時間です。

　日本の公認会計士試験ほど試験勉強に没頭する必要がありません。仕事をしながらの取得が十分可能です。

　また，合格後，１年程度の実務経験で，州の業務認定（License）を得ることができます。つまり，標準的には２年程度で資格取得が可能です。

　公認会計士試験は全ての科目に合格しなければなりませんが，CPAは１回に１科目ずつ受験することができるのも大きな違いです。

　受験資格も若干異なります。CPA試験を受けるために，実務経験は不要ですが原則４年制大学卒という学歴条件があります。公認会計士試験には学歴条件はありません。

　試験の形式は，公認会計士試験は筆記ですが，CPA試験はコンピューター化されています。

▍会計知識がなくても，TOEIC 400点台からでも合格可能

　公認会計士試験というと，日本の公認会計士試験のイメージから，かなり高度な会計知識を持っていないと通用しないのではないかと思われるかもしれません。しかし，CPAになるにはそんな心配は不要です。

実際の受験者には，文学部，法学部，教育学部，理工系学部出身者が数多くいます。決して，商学部や経済学部出身者だけが目指す資格ではありません。

　また，合格を目指している人の多くは，仕事を抱えながら夜や土日を利用して勉強しています。しかも，会計とは全く関係がない職種の人のほうがずっと多いのです。このように，会計の知識がなくても，仕事と並行させつつ，英文会計の基礎を一から勉強して，早ければ1年間で合格できるのがCPA試験の特徴です。

　CPA試験は英語による出題ですが，英語力については，TOEIC 600点程度の英語力があれば，全く問題ありません。TOEIC 400点台から学習を始めて合格する人もいます。習うより慣れろで，勉強を進めていくうちに必要な英語力は身についてしまい，英語力まで高まります。

　もちろん，試験会場での説明や試験問題は全て英語です。しかし，説明や設問形式は定型的なものなので，事前にパターンを覚えておけば心配ありません。問題の本文は勉強した専門用語がわかれば読解できます。解答は多くが4択式で，それ以外の問題でも，プルダウンの選択式で文言を入れる問題など，高い英語力が問われる試験ではありません。面接試験はありませんから，英会話は苦手でも，一定水準の読解力があれば合格できます。

グローバルに通用する

　さらに，前述のとおりCPAは各国と相互認証を行っていますが，日本の会計士資格は残念ながら相互認証を行っていません。IFRSと米国の会計基準の内容が近づく中で，今後，日本の会計士資格はローカル資格，CPAはグローバル資格となるおそれがあります。

　受験しやすく国内外問わず，グローバル人材に必要不可欠なスキルや知識を最もよく身につけている証として評価されるグローバル資格。それがCPAなのです。

■ 日米の公認会計士試験制度の違い

	日本の公認会計士試験	USCPA
学歴条件	なし	原則4年制大学卒
試験の流れ	・短答式試験※1（マークシートによる5肢択一問題等）と論文式試験※2 ↓ 2年以上の業務補助等の経験と実務補習により必要な単位を取得 ・日本公認会計士協会が実施する「統一考査」を受験 ※1：短答式試験に合格し、論文式試験が不合格だった場合、以後2年間は短答式試験の受験を免除される ※2：論文式試験において受験科目全体では合格基準に達せず不合格となっても、科目単位で合格基準を満たしているものがあれば、以後2年間は当該科目の受験を免除される	・コンピュータ端末上での試験。4択問題が50%、総合問題が50%※ ・科目受験も可 ・合格科目の有効期間は18カ月 ※「ビジネス環境及び諸概念」については4択問題が50%、総合問題が35%、記述問題が15%
試験科目	・短答式試験…4科目（財務会計論、管理会計論、監査論、企業法） ・論文式試験…必須4科目（会計学、監査論、企業法、租税法）＋選択1科目（経営学、経済学、民法、統計学から選択）	4科目 ・財務会計（公会計含む） ・監査及び証明業務 ・法規（ビジネス法及び連邦税法） ・ビジネス環境及び諸概念（経済学、ファイナンス、管理会計、情報システム等）
実施回数	・短答式：年2回 ・論文式：年1回	1/1～3/10、4/1～6/10、7/1～9/10、10/1～12/10の任意の日に受験可能
合格基準	定員合格制	75点以上

4 CPA CERTIFIED PUBLIC ACCOUNTANT

ビジネスの三種の神器を網羅する！

■「会計力，IT力，英語力」が身につく

　職務経験を通じても専門性は身につきます。例えば，経理部門での経験を積めば，「会計」の専門知識が積めます。しかし，会社の中での業務は細分化されがちで，実は，細分化された知識や経験しか持たず，汎用性がないということがあります。そうした落とし穴も，CPAは埋めてくれます。

　CPAは，会計士資格として，高いレベルの会計知識の証明となることはもちろん，幅広いビジネス知識を網羅していることに大きな特徴があります。詳細は後述しますが，CPAの試験は，財務会計，管理会計，会計監査に加え，IT，内部統制，コーポレート・ガバナンス，ファイナンス，経済学など，ビジネスで必要となる知識の全体像がコンパクトにまとめられています。

　著名なビジネスコンサルタントなどによれば，「会計＋IT＋英語」は，ビジネスにおける三種の神器と呼ばれています。これらは，専門職として活躍する場合はもちろん，あらゆるビジネスパーソンにとって，どこでも通用する有益な知識です。

■ 英文財務諸表を読む力

　まず，財務諸表を読む力，すなわち会計知識は，企業情報の適切な分析に不可欠です。経理，財務部門の方はもちろん，経営戦略部門や，マーケティング部門でも，企業情報の適切な分析なくしては，方針を定められません。CPAはこれからのビジネスに必須ともいえる，英文（米国基準及びIFRS）財務諸表を読む力が身につきます。

ITの基礎知識はビジネスのプラットホーム

ITの知識も，ビジネスパーソンにとって重要です。現代企業の業務フローは，ITに依存しているといっても，過言ではありません。例えば会計業務を，手書きの伝票だけで処理をしている企業は今時ありません。たいていは，何らかの企業向けパッケージソフトを利用しています。

CPAを目指す方にとっては，自分でプログラムを組むような知識は必要ないかもしれません。しかし，業務のインフラに関する基礎的なIT知識は，企業組織の内外を問わず重要です。そうした基礎知識を身につけることができます。

専門性を兼ね備えた英語力

英語の必要性は多くの方が認識していることと思います。日本国内でしか通用しない日本語によるビジネスは，早晩，縮小する国内市場の壁にぶつからざるを得ないでしょう。

ビジネスパーソン個人も日本語でしか仕事ができないということであれば，活躍の場が狭まるのは間違いありません。個人としても企業としても，グローバル展開を図るには英語力は必須条件です。

ただし，単に英語力があるだけではビジネスでは通用しません。ビジネスで英語を役立て，グローバルに活躍するには，英語による専門知識が求められます。CPAは英語力と専門性を兼ね備える最強のスキルの1つなのです。

CPA学習のススメ

グローバル時代のビジネスパーソン必須の
ビジネスの三種の神器
を手に入れよう！

5 期待が高まるUSCPAへの求人状況

▍資格もグローバル競争の時代へ

　企業の採用担当の方や教育担当の方、そして各部門の方々のお話を伺っていて皆さん強調されるのが、「グローバル人材」の必要性です。厳しい雇用状況にあって、人材採用は、買い手市場にもかかわらず、「グローバル人材が不足している。グローバル人材をどうやって育成すればいいのか」と言う声を、多く聞きます。

　特に急激に進む円高の元、大企業だけでなく中小優良企業でも海外進出や海外企業とのM＆Aの動きは枚挙に暇がありません。また、日本にあっても世界の投資家や顧客に向けて情報を開示、発信しなければならない時代です。そうしたグローバル化への対応は不可欠です。

　もっと言えば、資格の競争もグローバル化の兆しを見せています。CPAという資格が、そうしたグローバル時代の要請に応えるものであることは、ここまでお読みいただいた読者には、おわかりいただけたと思います。

　今後、IFRSと米国会計基準の内容が近づく中で、会計知識を備えたCPAがますます重用される方向性にあることは間違いありません。

　加えて、CPAは、会計知識に留まらず、ビジネス知識全般を網羅していることを証明できる資格です。

　その意味では、例えば、ITの知識を活かしたシステム監査の分野や、税務の知識を活かした国際税務、移転価格税制など、企業経営に不可欠な様々な分野においても、CPAホルダーの需要は確実であるといえるでしょう。

募集要項にUSCPAの資格を明示する企業も

実際に募集要項にCPAの資格を明示する企業もあります。

英文で会計実務ができる人の絶対数が少なく，求人ニーズに応えられる人材が不足しているので，CPA試験に合格している人は就職には有利です。実務経験がなくても，CPA試験合格者だというだけで，応募書類上の評価は飛躍的に高まります。もちろん，CPAの学習内容について実務経験を有しているに越したことはありませんが，会計は学習と実務が比較的近い特殊な分野で，実務経験のなさを資格でカバーできる面があります。

では，具体的にCPA試験とはどのようなものなのか，次章で見ていきましょう。

column　合格体験記＆資格の活かし方

◎結婚・出産を経ても活躍できると考え，CPAにチャレンジしたKさんの場合

海外旅行のパッケージツアーを企画・造成するホールセラーに勤めていたKさん。ご主人の海外赴任が決まり，退職し，米国に移り住むことに。アメリカ生活2年目からMBA取得を目指していましたが，情報を集めていく中で，女性のCPAホルダー達が活躍している場面に出会います。結婚，出産を考えたとき，多くの女性が手に職をつけたいと思うように，ずっと何かを探していたKさんは，MBAより専門性の高いCPAを目指すことを決意。専業主婦だったKさんは，短期集中して1年で合格。お子さんが1歳になるのを機に就職活動を始め，大手メーカーの内部監査室勤務が決まりました。

第2章

米国公認会計士(USCPA)試験の全体像をつかんでおこう

USCPA試験制度の仕組みと特徴

▍USCPA試験はコンピューター試験

　CPA試験は，2004年4月より，それまでのペーパーベースの試験から，コンピューターベースの試験に移行しました。受験者はコンピューター上に表示される問題に対し，解答データを打ち込んでいきます。

　試験のコンピューター化は，受験者に大きなメリットをもたらしました。1科目ごとの科目受験や科目合格が認められ，さらに受験日や受験地を自由に選択できるようになったのです。これにより，仕事と両立しながらの学習や受験が格段に容易になりました。

▍日本で受験できる

　2011年8月より，東京，大阪の2カ所で受験できるようになりました。受験可能期間は，1/1～3/10，4/1～6/10，7/1～9/10，10/1～12/10の約9カ月間です。会場によって実施日時は異なりますが，平日だけでなく，週末の受験も可能です。

　以前は，グアム会場やハワイ会場まで渡米しなければ受験できず，渡航費や滞在費が大きな負担となっていました。そのため，一度の渡米で複数科目受験するのが一般的でした。日本で受験ができるようになって一科目ごとの受験が増えると，受験直前，一科目の学習に専念できるので，日本人受験者の合格率が上がりつつあります。

USCPA試験は全米統一の試験

　CPA試験の出願手続きは，各州会計士委員会，または，各州会計士委員会より手続きを委託されたNASBA（National Association of State Boards of Accountancy）に対して行います。詳細は後述しますが，受験条件や受験手続きは，州により異なります。ただし，試験問題や採点基準は全米で統一されており，どの州に出願して合格しても，合格の価値に変わりはありません。

科目受験が可能

　次項で詳しく述べますが，CPA試験は，財務会計＝Financial Accounting and Reporting（FAR／エフ・エー・アール），法規＝Regulation（REG／アール・イー・ジー），監査及び証明業務＝Auditing and Attestation（AUD／エー・ユー・ディー），ビジネス環境及び諸概念＝Business Environment and Concepts（BEC／ビー・イー・シー）の4科目で構成されています。

　ただし，1度に何科目を出願するか，どの科目を選択するかは，受験者の判断に委ねられています。1科目ずつ出願することも，4科目をまとめて出願することもできます。

　科目合格が認められるということは，必ずしも1度に全科目の対策を並行して行わなくてよいということです。自分の学習スケジュールに合わせて選択できる，働きながら資格取得にチャレンジしようとする人に配慮された仕組みになっています。

　出願すると，選択した科目が記載された受験票（NTS：Notice to Schedule）が発行されます。受験票の有効期限は発行から6カ月間です。この間に，各科目を受験してください。

科目合格の有効期限

　科目合格には18カ月（1年半）という有効期限があります。最初の科目に合格してから，18カ月以内に残りの全科目に合格しなければ，最初の科目の合格実績は失効（Expire）してしまいます。

　なお，科目合格の有効期限は，受験日が基準となります。最終合格科目の受験日が有効期限内であれば，その科目の結果通知が有効期限を超えて行われたとしても，全科目合格と認められます。

　例えば，2016年2月23日に初受験で，FARに合格し，2016年11月15日にBECとREGに合格した場合を考えてみましょう。

　全科目合格となるためには，2017年8月22日（FAR合格の2016年2月23日から18カ月後）までに残りのAUDを受験して合格しなければなりません。

　もし，FARの合格から18カ月以内にAUDが合格できなかった場合，FARの科目合格実績は失効してしまいます。

　CPA合格となるためには，2018年5月14日（BEC・REG合格の2016年11月15日から18カ月後）までに，AUDに加えて，再度FARに合格しなければなりません。

結果通知と合格基準

　受験後約3週間で，結果が通知されます。合格基準は，各科目とも75点以上です。難易度に応じて得点調整が行われるため，正解数の比率とは必ずしも一致しません。

　CPA試験は1科目からの科目合格が認められていると述べましたが，複数科目を同時に受験した場合，ある科目が合格点に達していれば，他の科目が不合格であっても，あるいは不合格科目が低い得点であっても，科目合格には影響しません。

　科目合格の制度をうまく利用すれば，結果として全科目合格まで短期で到達することが可能です。

■ 科目合格の有効期限

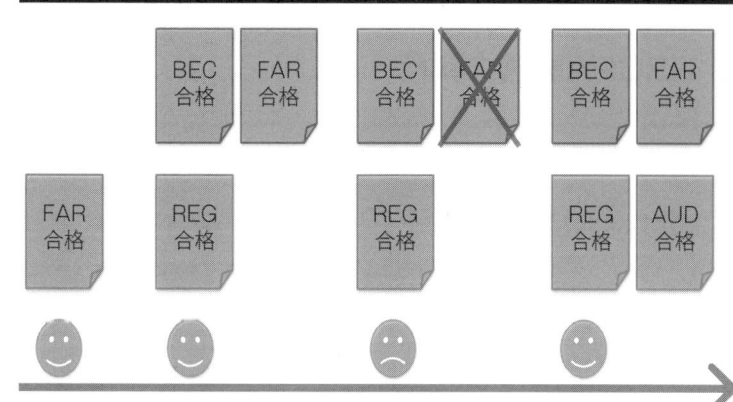

| BEC合格 | FAR合格 | | BEC合格 | ~~FAR合格~~ | | BEC合格 | FAR合格 |
| FAR合格 | REG合格 | | REG合格 | | | REG合格 | AUD合格 |

| 2016年2月
FAR受験
合格 | 2016年11月
BECとREG
受験合格 | 2017年8月までに
AUD合格できず
⇒FARの合格実績
失効 | 2018年5月までに
AUD・FARを受験
して合格であれば
全科目合格 |

column 合格体験記＆資格の活かし方

◎在学中にCPAに合格したYさんからのアドバイス

私がCPAに若くして合格できた理由は，専門学校のサポート体制とシステムの充実に加えて以下の3ステップの徹底にあります。

① すぐに受験資格取得
② 講義動画2倍速視聴と，細かい暗記はNG
③ シミュレーション早期取り組み

私は，日本経済の「終身雇用」「ドメスティックな企業システム」はこれからどんどん崩壊に向かうと思います。人口の減少による日本企業の海外進出やM＆Aは近年急加速しています。そんな中，CPAは自分の手に職をつけることができますし，すでに訪れているグローバル化の担い手になれるスタートポイントを与えてくれます。

USCPA試験の科目

試験は4科目構成

CPA試験は,財務会計＝Financial Accounting and Reporting（FAR／エフ・エー・アール）,法規＝Regulation（REG／アール・イー・ジー）,監査及び証明業務＝Auditing and Attestation（AUD／エー・ユー・ディー）,ビジネス環境及び諸概念＝BEC（ビー・イー・シー）の4科目で構成されています。

CPA試験の出題方針は,「広く浅く」が特徴です。出題範囲は幅広い試験ですが,会計士としての基本知識を問う問題が中心で,難易度の高い問題は決して多くありません。効率よく全体を網羅する学習を行えば,短期での合格も夢ではありません。

また,CPA試験は1科目ごとの受験が可能ですので,範囲を絞って1科目ずつ着実に合格を目指すこともできます。受験者それぞれが,自らの学習状況に合わせて,受験戦略をフレキシブルに選択できるわけです。

仕事と並行しながらCPAを目指す場合,多くてもFAR（財務会計）・AUD（監査及び証明業務）といった2科目程度に絞って出願されることをお勧めします。自分の学習状況に応じて着実に科目合格を積み上げていけるのがCPAの特徴で,それが結果として早期の全科目合格につながります。科目合格でも,就職・転職などでアピールできるのも学習者には嬉しいところです。

各科目の中身を見ていきましょう。

FAR（財務会計）の中身

CPA試験の中心となる科目です。レベルとしては日商簿記2級程度に相当します。企業会計分野からの出題が大半を占めますが，州政府や地方自治体における公会計や，学校・医療・福祉団体などの非営利組織会計についても出題されます。財務会計や公会計の仕組みを理解することが，合格への鍵となります。暗記に頼ることなく，本質をしっかり理解することが大事です。

出題範囲と出題比率は，次のとおりです（以下，AICPAの「CONTENT AND SKILL SPECIFICATIONS FOR THE UNIFORM CPA EXAMINATION」をベースに作成しています。実際の出題比率には，〇〜〇％というレンジがあります）。

FAR（財務会計）の出題範囲と出題比率

出 題 範 囲	出題比率	試験時間
企業会計	80％	4時間
政府会計と非営利組織会計	20％	

REG（法規）の中身

連邦税法とビジネス関連諸法規が問われます。暗記項目は多いものの，比較的取り組みやすい科目です。連邦税法では，個人所得税や法人税の確定申告を行う上で必要な知識を学びます。

REG（諸法規）の出題範囲と出題比率

出 題 範 囲	出題比率	試験時間
連邦税法	70％	4時間
ビジネス法と職業倫理	30％	

AUD（監査及び証明業務）の中身

CPAにとって最も重要な業務である監査・証明業務が扱われます。実務経験のない受験者の場合，具体的実務をイメージしづらい面があるため，対策には工夫が必要です。個々の論点を学ぶことも重要ですが，監査業務の引受けから計画，実施，レポートの作成まで，全体の流れをイメージすることが大切です。

AUD（監査及び証明業務）の出題範囲と出題比率

出 題 範 囲	出題比率	試験時間
監査，証明，レビュー業務など	80%	4時間
職業倫理	20%	

BEC（ビジネス環境及び諸概念）の中身

経済学，ファイナンス，コーポレート・ガバナンス，ITなど，ビジネスに関連する幅広い分野を網羅しています。ビジネス全般に役立つ実践的内容を多く含んでいます。浅く広く出題されるため，深追いは禁物です。苦手分野の克服が大切な科目です。

BEC（ビジネス環境及び諸概念）出題範囲と出題比率

出 題 範 囲	出題比率	試験時間
コーポレート・ガバナンス	22%	
経済学	22%	
財務管理（ファイナンス）	16%	4時間
情報技術（IT）	20%	
オペレーションマネジメント	20%	

column 合格体験記＆資格の活かし方

◎CPAの取得からビジネスパーソンとしてのステップアップが始まったHさんの場合

　総合電機メーカーに勤務，企画業務に携わり事業管理を担当していたHさん。国内外のビジネススクールに派遣される機会もあったそうですが，会社からの派遣でMBAを取得した社員の残留率があまりにも低かったため，会社は派遣期間は半年〜1年の短期，学位の取得はさせないという方針としたそうです。そのため，ビジネススクールへの派遣は「内容的にも中途半端で不満足なものだった」と言います。そこでHさんは，業務上の必要性と自身のスキルアップのために，勤務しながら自己学習が可能なCPAの取得に着手しました。

　HさんがCPAを目指したもう1つのきっかけは，「プロフェッショナルなスキルを身につけ自立的に生きたい」と考えていたことでした。「今日では明らかとなっていますが，かなり以前から，基幹産業といわれた総合電機各社の構造的問題から業績が悪化する日も近いことも感じていました」と，Hさんは振り返ります。

　資格取得後，会社では海外法人の整理（リストラクチャリング）を担当。「CPA取得で学習したスキルがかなり役に立った」と言います。その後の，国内の会計・経営に関する資格試験も，CPA取得のために，財務・会計の基本知識を習得していたので，大変効率的に学習を進めることができたそうです。

　その後，某国内コンサルタント会社と契約を結び，専属コンサルタントとして活動中。現在，現場では経営・会計・IT関連の知識・スキルが必須，基本となっています。プロフェショナルなスキルで自立的に生きたいと考えたHさんのステップアップは，「CPAの資格取得から始まった」のです。

受験日と受験地

▓ 3カ月ごとに受験できる

　CPA試験では，1年が3カ月ごとの4期に分けられ，それぞれの期をTesting Windowといいます。米国内の試験会場では，はじめの約2カ月が試験実施期間として割り当てられ，1/1〜3/10，4/1〜6/10，7/1〜9/10，10/1〜12/10の約9カ月間，受験が可能です。日本会場（東京・大阪の2会場）での試験実施期間も米国内の試験会場と同様に約9カ月間です。

　受験日は，試験実施期間内から科目ごとに自由に選択することができます。6カ月間の受験票の期限内であれば，科目ごとに複数のTesting Windowをまたいでの受験も可能です。例えば，FAR・BECで出願をした場合，FARを2月に，BECを4月に受験することも可能です。

▓ 国内2カ所，全米300カ所のテストセンターで受験可能

　受験会場は，Prometric社（コンピューター試験の運営会社）のテストセンターから選択することができます（日本国内の試験会場は東京・大阪の2カ所，米国内の試験会場は約300カ所）。

　出願州と受験地を一致させる必要はありません。

　例えば，ワシントン州に出願された方でも，日本会場やグアム会場やハワイ会場で受験することができます。なお，日本会場やグアム会場を予約するためには，事前に追加手数料の支払いが必要となります。

■ 東京・大阪の各試験会場はココ！

① 東京会場（御茶ノ水試験会場）

〒101-0062　東京都千代田区神田駿河台4-6
　　　　　　　御茶ノ水ソラシティ　アカデミア5階
Tel：03-3258-9151
・　JR「御茶ノ水」駅　聖橋口から徒歩1分
・　東京メトロ千代田線「新御茶ノ水」駅　B2地上徒歩1分または地下出口直結
・　東京メトロ丸の内線「御茶ノ水」駅　出入口2から徒歩4分

② 大阪会場（大阪中津試験会場）

〒531-0071　大阪府大阪市北区中津1-11-1
　　　　　　　中津センタービル7F
Tel：06-6376-5811
・　地下鉄御堂筋線「中津駅」2番出口　徒歩1分

Prometricホームページ（http://www.prometric.com/CPA/default.htm）より，空席状況の確認，所在地や連絡先の確認，試験予約，日程変更などが行えます。

ライセンス取得とキャリア形成

■ ライセンスを取得しよう

CPA試験に合格しても、そのまま会計士として公認されるわけではありません。CPAと公的に名乗る(名刺などに肩書として入れる)には、ライセンス(営業許可証)が必要です。ライセンスを取得すれば、対外的にCPAと名乗ることが可能になり、名刺やパンフレットのプロフィールなどに「U.S.CPA」と記載できます。これにより、取引先や顧客からの信頼を高めるといった効果も見込めます。

■ USCPAライセンスの種類

米国外の試験会場(日本会場)で受験する場合、「全科目合格より3年以内にCPAライセンスを取得する意思がある」ということに同意が求められます。3年以内にライセンスを取得しなかった場合、合格者データベースから氏名が削除されます。

ライセンス発行条件の決定は、各州会計士委員会に委ねられ、それぞれの州で条件が異なります。発行条件には、受験条件(学歴条件)と実務経験条件があります。学歴条件は、原則、CPA試験の受験時点で満たしている必要があります。

一方、実務経験の条件は、ライセンスの申請時点で満たしていればけっこうです。そのため、CPA試験の受験時点で該当する実務経験のない方でも、将来的にライセンスが取得可能です。

■ USCPAとしてのキャリア形成

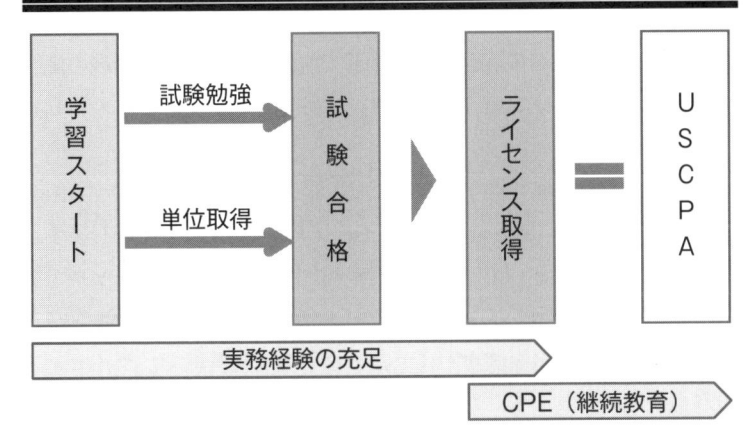

学習スタート → 試験勉強 → 試験合格
学習スタート → 単位取得 → 試験合格
試験合格 → ライセンス取得 ＝ USCPA

実務経験の充足

CPE（継続教育）

■ USCPAライセンス取得までの流れ

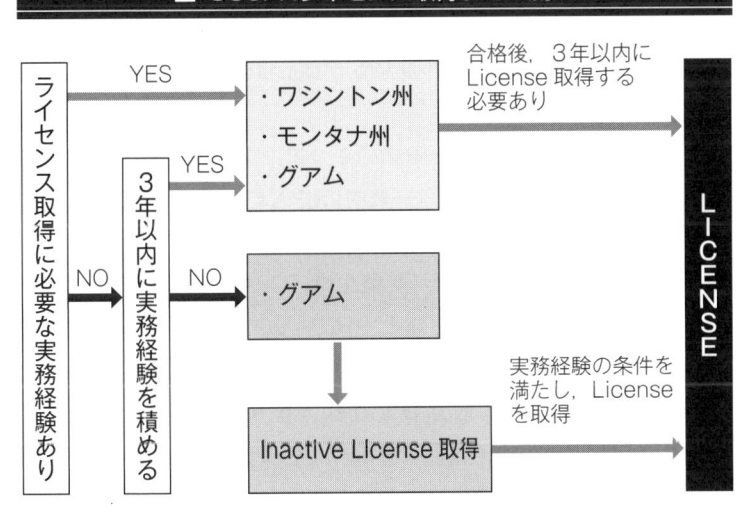

ライセンス取得に必要な実務経験あり
- YES → ・ワシントン州 ・モンタナ州 ・グアム → 合格後，3年以内にLicense取得する必要あり → LICENSE
- NO → 3年以内に実務経験を積める
  - YES → ・ワシントン州 ・モンタナ州 ・グアム
  - NO → ・グアム → Inactive License取得 → 実務経験の条件を満たし，Licenseを取得 → LICENSE

多くの州で発行されるライセンスは、監査・証明業務を行える"Attest License"の1種類です。このタイプのライセンス取得には、監査・証明業務の実務経験が必要です。申請者の実務経験の証明（Verification）として、CPAライセンス所持者のサインが求められます。

グアムやカリフォルニア州などでは、監査・証明業務を行う"Attest License"以外に、"Non-attest License"のライセンスを発行します。"Non-attest License"は、アカウンティング、ファイナンシャル・アドバイザリー、マネジメント・アドバイザリー、コンサルティング・サービス、タックス・アドバイザリーなどの実務経験で、ライセンスの取得が認められます。ただし、カリフォルニア州のライセンス取得には、米国社会保障番号（SSN）や米国内での実務経験が要求されます。

監査経験を持っているか、今後従事する意思のある方は、"Attest License"の取得を、それ以外の方は、"Non-attest License"の取得を目指すことになります。

また、ライセンスのステータスの1つに、"Inactive License"があります。"Inactive License"は一般的にCPAとしての活動を行っていない状態を意味し、継続教育の義務は課されていません。

日本会場で受験する場合、受験生は「CPA試験に合格後3年以内にライセンスを取得すること」「CPAライセンスを取得するまで"CPA"の呼称を使用しないこと」などを記載した"Informed Consent（同意書）"に同意しなければなりませんが、グアムの"Inactive License"は実務経験を求めていません。期限内に実務経験を満たせそうにない場合は、グアムの、"Inactive License"を活用する手もあります。

まず、"Inactive License"を取得して実務経験を積んだ後、Active Licenseを目指すとよいでしょう。

■ グアムライセンスの種類とステータス

Active License

公認会計士としての活動を行っている状態を意味し，継続教育の義務があります

Attest License

公認会計士として監査・証明業務の最終責任者となれる（監査報告書にサインができる）ライセンス

Non-attest License

公認会計士として活躍するが，監査・証明業務の最終責任者とはなれない（監査報告書にサインができない）ライセンス

Informed Consent より抜粋

(a) I shall obtain a Certified Public Accountant (CPA) license from the State Board within three (3) years of passing all four sections of the Uniform CPA examination, counting from the date my scores are issued. In the event I have not obtained such CPA license within three (3) years, under applicable state law, my scores can be automatically withdrawn and I shall have no rights or privileges to them.

■ グアムライセンスの発行条件

要求される教育要件	受験時の要件と同様
要求される実務経験年数	a．1年または2年の実務経験が必要（通常の学歴条件に加え，総取得単位数が150単位を超えている場合，1年間の実務経験でよい） b．実務経験はライセンス申請の直近5年以内の経験であること
実務経験の種類	a．Non-attest Licenseの場合，アクティブなライセンス保持者の承認を受けたものであれば，様々な実務経験（会計業務，証明業務，調製業務，マネジメント・アドバイザリー，ファイナンシャル・アドバイザリー，税務，コンサルティング，など）が認定される（監査法人だけでなく，事業会社での経験も認められる） b．Attest Licenseに必要な証明業務の実務経験は1,000時間。ライセンス保持者の直接的な監督の下で得られた経験でなければならない
監督者の規定	a．現時点で有効なCPAライセンス（Active License）を保持していること b．実務経験宣誓供述書に記載された内容は，知る限りにおいて，真正，かつ，事実相違ないものであると認証すること
SSN（米国社会保障番号）	必須でない

■ ワシントン州ライセンスの発行条件

要求される教育要件	受験時の要件と同様
要求される実務経験年数	所定の実務経験：1年以上（かつ2,000時間以上） ライセンス申請時より，8年以内に得た実務経験であること
実務経験の種類	会計業務，証明業務，マネジメント・アドバイザリー，ファイナンシャル・アドバイザリー，税務，税務アドバイザリー，コンサルティング業務等の実務経験（監査法人だけでなく，事業会社での経験も認められる）
監督者の規定	ライセンス申請者の実務経験を証明するCPAライセンス保持者（Verifying CPA License Holder）は，ライセンス取得より5年以上経過し，かつ，現在もアクティブな状態を維持している方でなければならない ※ 実務経験の要件を満たすことなくCertificateを取得したCPA合格者は，Verifying CPAとはなり得ない
SSN（米国社会保障番号）	必須でない

■ モンタナ州ライセンスの発行条件

要求される教育要件	受験時の要件に加え， ●総取得150単位以上 ●4大卒の学位
要求される実務経験年数	所定の実務経験：1年以上（かつ2,000時間以上） ※ 申請日から3年以内の実務経験
実務経験の種類	実務経験は，一般事業会社・政府系機関・会計事務所のいずれかのものでよい。財務諸表の作成，マネジメント・アドバイザリー，コンサルティング・サービス，税務アドバイザリーなどの業務を通じて得られた会計及び監査等の実務経験が認められる
監督者の規定	● 監督していた期間に有効なCPAライセンス（Active License）を保持していること ● 実務経験宣誓供述書に記載された内容は，知る限りにおいて，真正，かつ，事実相違ないものであると認証すること ※ 実務経験の要件を満たすことなくCertificateを取得したCPA合格者は，Verifying CPAとはなり得ない。
SSN（米国社会保障番号）	必須でない

■ アラスカ州ライセンスの発行条件

要求される教育要件	【～2001年4大卒の方】 受験時の要件と同様 【～2008年4大卒の方】 受験時の要件に加え， ●総取得150単位以上 【2008年以降4大卒の方】 受験時の要件に加え， ●総取得150単位以上 ●以下の要件を満たすこと (1) 24 semester credit hours or 36 quarter credit hours of accounting courses (2) 9 semester credit hours or 15 quarter credit hours of business law (3) 9 semester credit hours or 15 quarter credit hours of economics (4) 9 semester credit hours or 15 quarter credit hours of (5) Statistics； (6) Computer science;or (7) Algebra, Calculus, or Mathematics.
要求される実務経験年数	2年～3年の実務経験が要求されます（学歴によって必要な年数が異なる）
実務経験の種類	様々な実務経験（会計業務，証明業務，マネジメントアドバイザリー，ファイナンシャルアドバイザリー，税務，コンサルティング）

監督者の規定	実務経験の監督者がアラスカ州以外のライセンス保持者の場合, Form 08-4092(d)を作成し, 監督者の身元確認手続きを行う必要があります (監督者の所属する会計士委員会より, 監督者が有効なライセンスを保持していることを証明する書面を提出)
SSN (米国社会保障番号)	原則必須。ただし, 申請者の状況を考慮し, ライセンスの発行を認める場合があります。希望者はSSN免除申請用紙を提出ください

第3章

USCPA 受験手続き
7つのステップ

受験までの7つのステップ

■ 受験までの流れを確認しておこう

CPAの**受験手続き**には，およそ半年間を要します。思っている以上に時間がかかるので，時間的余裕を十分にもって手続きを進めることが必要です。受験勉強と並行しながら，受験手続きも忘れずに進めておきましょう。

受験までの流れは，7つのステップを踏みます。CPA試験は全米統一試験ですから，採点基準はどこの州，どこの受験会場でも同じです。合格の価値に変わりありませんが，受験規定は州ごとに決められているので【Step 2】の出願州の選択が重要になります。詳細は次項以降で説明しますが，流れをざっと確認しておきましょう。

【Step 1】 単位取得状況を確認する

CPA受験は自分の持っている単位を調べることからスタートします。出身大学から成績証明書を取り寄せて，受験に必要な「会計単位」や「ビジネス単位」の取得状況を確認します。

【Step 2】 出願州を選択する

CPA試験の受験条件（取得単位など）や合格後のライセンス取得条件は，州ごとに規定されているため州によって異なります。主な選択条件は，以下のとおりになります。中でも，受験条件やライセンス取得条件は最重要となります。

■ USCPA試験受験までのプロセス

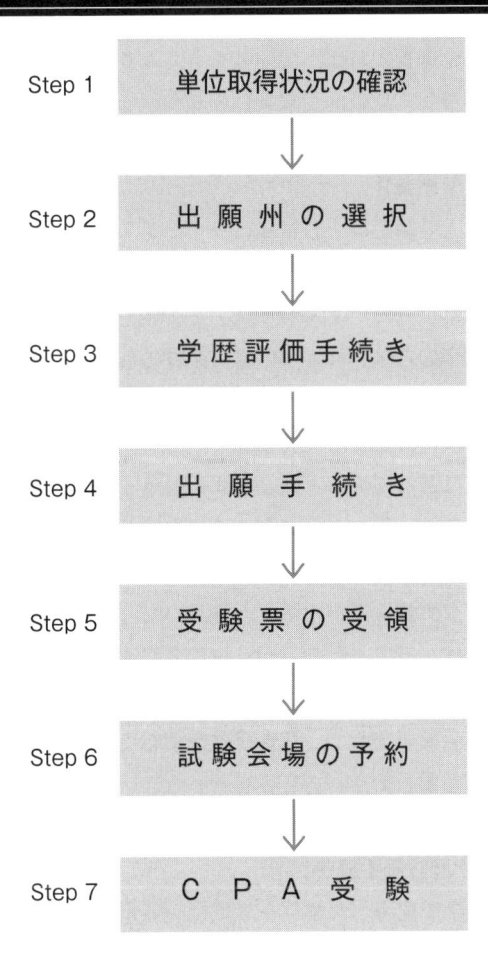

Step 1　単位取得状況の確認

↓

Step 2　出願州の選択

↓

Step 3　学歴評価手続き

↓

Step 4　出願手続き

↓

Step 5　受験票の受領

↓

Step 6　試験会場の予約

↓

Step 7　CPA受験

・日本で受験できる

　日本会場での受験ができる州（**グアム，ワシントン，モンタナ，アラスカなど**）を選択すれば，受験しやすくなります。ただし，ニュージャージー州など，比較的受験条件の緩やかな州は，日本会場での受験が認められていません。

・受験条件（学歴条件）

　多くの日本人受験生は，合格後にライセンス取得がしやすいグアムやワシントン州を選択しますが，多くの州が「四大卒（4年制大学卒業）＋会計24単位＋ビジネス24単位」を受験条件としています。**在学中の方や短大卒の方は，4大卒の学位条件のないモンタナ州**を選択しましょう（61ページ参照）。

・ライセンス取得に必要な実務条件

　合格の価値はどこの州でも同じですが，ライセンス取得の際に必要となる，実務条件は州によって大きく異なります。合格後のライセンス取得を見据えれば，**実務条件の満たしやすいグアムやワシントン州または，モンタナ州**を選択するよう推奨いたします。グアムやワシントン州であれば，ほとんどの方が，試験合格後，ライセンスまで取得できると思われます。

　監査法人や会計事務所で，**監査経験を積むことができる方は，アラスカ州**も検討しましょう。

【Step 3】 学歴評価手続き

　米国外の大学で取得した学位や単位は，各州の会計士委員会が指定する学歴評価機関で学歴評価を受ける必要があります。学歴評価には2～3カ月の時間を要するため，なるべく早めに，CPA試験の学習と並行して行うようお勧めします。

　米国内の大学で単位や学位を取得した場合，米国大学に成績証明書を発行し，出願予定州へ直送するよう依頼します。

■ ワシントン州出願の流れ

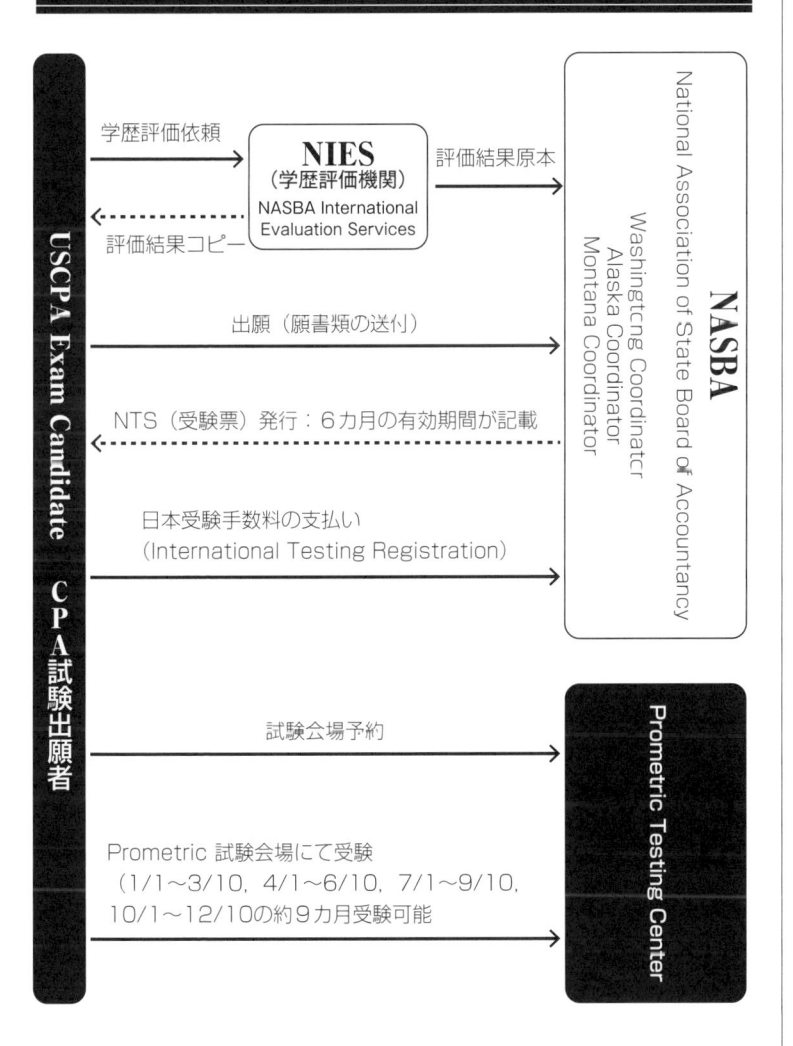

USCPA Exam Candidate / CPA試験出願者

- 学歴評価依頼 → **NIES（学歴評価機関）** NASBA International Evaluation Services
- NIES → 評価結果原本 → **NASBA**（National Association of State Board of Accountancy / Washingtcng Coordinatcr, Alaska Coordinator, Montana Coordinator）
- NIES → 評価結果コピー → USCPA Exam Candidate
- 出願（願書類の送付）→ NASBA
- NTS（受験票）発行：6カ月の有効期間が記載 ← NASBA
- 日本受験手数料の支払い（International Testing Registration）→ NASBA
- 試験会場予約 → **Prometric Testing Center**
- Prometric 試験会場にて受験（1/1～3/10、4/1～6/10、7/1～9/10、10/1～12/10の約9カ月受験可能）→ Prometric Testing Center

第3章　USCPA受験手続き7つのステップ

【Step 4】 出願手続き

　CPA試験の願書を送付します。

【Step 5】 受験票（NTS：Notice to Schedule）を受け取る

　受験資格が認められると，NASBA（全米試験委員会連合）より受験票（NTS）が発行されます。発行のタイミングは出願州によって異なります（2～3週間）。NTSにはID番号が記載されており，試験会場予約のための通知書を兼ねています。

【Step 6】 試験会場（プロメトリックテストセンター）を予約する

　受験票を受け取ったら，NASBAサイトで手数料（州によって異なります。69ページ参照）を支払った後，プロメトリックテストセンターのWebサイトから試験会場を予約します。空席状況を事前に確認し，NTSに記載されたID番号を用いて予約します。

　万一，希望日が満席の場合，日程を変更するか，米国内での受験も視野に入れる必要があります。米国内には約300カ所の試験会場が指定されています。

【Step 7】 受験本番に臨む

　試験会場には，①NTS，②パスポート，③試験予約確認番号の3点を忘れずに持っていってください。米国内での受験ではパスポートに加えクレジットカードを提示する必要があります。

　パスポートの有効期限の確認，およびパスポート上の氏名（英文氏名）とNTS上の氏名が同一であることを確認しましょう。

column 合格体験記＆資格の活かし方

◎CPAで培った知識を弁護士の仕事に活かすIさんの場合

法律事務所で弁護士の仕事をしているIさんが、CPAを目指したのはアメリカのロースクールに留学していたとき。「他の日本人留学生で、日本で仕事をしながら合格したという人から話を聞いて興味を持った」そうです。Iさんは以前公認会計士として会計監査に従事していた経験もお持ちです。その経験が弁護士業務に役立っている一方、「知識の陳腐化も感じていた」と言います。そこで、Iさんは最新の会計・財務の知識を体系的に習得するよい機会になるのではと考えました。ロースクールの勉強と両立できるかIさんは少し悩んだそうです。しかし、日本の公認会計士試験の受験経験や監査法人での実務経験もあり、日本で仕事をしながら合格されている方が大勢いることを知り、両立は十分可能なのではと考えました。試験範囲がロースクールの科目といくつか重なっていた点や、試験会場が留学先にあり、受験日程を柔軟に組むことが可能だった点も決意する要素になったそうです。

Iさんは、帰国するまでの残りの1年で4科目全部を受験することを前提に、おおまかな計画を立てました。出願州のイリノイ州の受験要件などを検討した結果、前半6カ月間でなるべく早めに単位認定試験（会計10科目）を済ませて出願し、後半6カ月間を2つに分けて、それぞれの3カ月間で2科目ずつ受験することにしました。

計画どおり1年で全科目を受験し、無事全科目合格することができたIさん（FAR93点、REG82点、AUD87点、BEC84点）。合格後、転職はしていませんが、「本来の業務に関連して企業の決算情報を検討する際などに非常に役立っています。日本で適用に向けた動きが進んでいる国際会計基準（IFRS）に関連する仕事もしていますが、CPA取得で培った会計・財務の体系的な知識なしにはできなかったでしょう」と、CPA取得によるスキルアップとキャリア形成の成果を挙げています。

【Step 1・Step 2】
単位取得状況を確認して出願可能な州を選ぼう

▌ どこの州が出願可能か？

希望の出願州がある程度定まっていても，その州の受験条件を満たすかどうかは，現状で自分はどの程度の単位を持っているかを確認しなければわかりません。

受験条件は，①学位，②総取得単位，③会計単位，④ビジネス単位の4つあります。

経済学部出身の方は，ビジネス単位に該当する「Economics」系の科目をたくさん持っている可能性が高く，経営学部であれば，同じくビジネス単位に該当する「Management」系の科目を取得している可能性が高いでしょう。出身大学で会計単位やビジネス単位を多く取得している方は，各州の受験条件を満たすために必要な単位を追加して取得する必要が少ないということです。これは大きなアドバンテージです。このアドバンテージを活かして，ライセンスが取得しやすいグアムなどへの出願をまず検討されるべきでしょう。

どの科目が会計科目として認められ，どの科目がビジネス科目として認められるかは，州ごとに微妙に差があり，一般の方が判断するのは非常に困難です。ほとんどの受験予備校で，大学の成績証明書を提出すれば，会計単位・ビジネス単位について診断を行うサービスを行っていますから，相談してみるのが確実です。

日本受験が可能で人気のあるグアム，ワシントン，モンタナ，アラスカの受験条件は次ページの一覧をご参照ください。

■ 主要出願州の受験条件

出願州	学位	総取得単位	会計単位	ビジネス単位	備　　考
グアム	4大卒	—	24単位	24単位	● 会計単位は専門課程以上で，以下必須科目を含む必要あり ①Financial Accounting，②Auditing，③Management Accounting，④Taxation（各3単位以上含むこと） ● ビジネス単位は，以下必須科目を含む必要あり ①Economics（6単位），②Finance（3単位），③Business Law（3単位）
ワシントン	4大卒	150単位	24単位	24単位	● 会計単位のうち15単位以上は専門課程以上である必要あり
アラスカ	4大卒	—	15単位		2000年1月1日以降に大学を卒業された方は，ライセンス取得する際，150単位が必要
センタナ	—	—	24単位	24単位	● 会計単位は専門課程以上で，以下必須科目を含む必要あり ①Financial Accounting，②Auditing，③Management Accounting，④Taxation ● 学位がない方でも受験可能

【Step 3】学歴評価を依頼する

▊ 米国外の大学を卒業した場合は学歴評価が必要

　出願州を決めたら，次に学歴評価の依頼を行います。

　日本を含めた米国外の大学（院）で，学位や単位を取得した場合は，これらが米国の大学で取得したものと同等であるかどうかを，公式に評価してもらう必要があります。

　米国には，こうした評価をするための専門の学歴評価機関があります。

　学歴評価機関は複数あり，出願する州によって指定される機関は異なります。また，学歴評価機関によって単位の評価基準が異なりますので，この点も注意が必要です。

　現在は多くの州が「NIES(NASBA International Evalution Services)」という評価機関を指定しています。

　米国外で取得した学位・単位を判断する権限は，学歴評価機関にありますから，中には実際に学歴評価を経てみないと，事前には判別が困難なケースもあります。

　こうした場合には，なるべく早く学歴評価を依頼して，学位・単位の状況を確定させておきましょう。

▌学歴評価，3つのポイント

日本の大学など米国外の大学で取得した学位・単位については，以下の3つの観点から評価されます。

① 学位は有効に認められるか

稀なケースですが，4年制大学を卒業していても，総取得単位数などの理由で米国では短大卒にしか該当しないと評価された事例もあります。

② どの単位が会計単位やビジネス単位に相当するか。そして，それは何単位に相当するか

出身大学で会計単位やビジネス単位を何単位取得していたかを確定させることができます。

③ 必須科目は満たされているか

評価は，依頼者が指定した出願希望州の受験条件を前提になされます。評価を経ることで，出願希望州の必須科目の取得状況が確認できます。

　　　　　　　　＊　　　＊　　　＊

次に，NIESに依頼する際の手続きの詳細を見ていきましょう。

▌出身大学の英文の証明書類を用意する

出身大学で英文の卒業証明書と成績証明書を発行してもらう必要があります。

大学にもよりますが，証明書の発行までに1週間程度は要すると考えておきましょう。

なお，大学に発行を依頼する際は，「厳封」で発行するよう指定してください。厳封とは，封筒に入れられ封がされた状態を指します。改竄がされていないことの証明となります。

▋▋ 評価依頼手続きはWeb＋郵送

　評価手数料は1州につき225ドルです。NIESのHPで申請手続きと手数料の支払いを行った後，英文の成績証明書や卒業証明書類をEMS等でNIESに郵送ください。

A．必要書類と手数料

① 　英文の成績証明書（要厳封）
② 　英文の卒業証明書（要厳封）
③ 　パスポートのコピー
④ 　手数料 $225

B．書類をまとめて，NIESへ送付する

＜NIESの連絡先＞

NASBA International Evaluation Services

150 4th Ave.N., suite 850 Nashville, TN 37219

Email：nies@nasba.org

Tel：1.855.468.5382

▋▋ 評価依頼は半年前までを目安に

　評価依頼の時期は，受験希望時期の半年前を，1つの目安にしてください。

　NIES評価依頼の種類を送付してから，評価の返事をもらうまで，通常1カ月を要します。場合によっては1カ月以上かかることもありますので，早めに評価を依頼しておきましょう。

▎米国大学卒業の場合は証明書を直送する

　米国の大学を卒業された方や米国の大学に在学中の方は，どうすればよいでしょうか。

　米国内の大学で取得された単位であれば，学歴評価機関に評価を依頼する必要はありません。証明書類を米国大学から出願州の指定送付先へ直送してもらうよう手配してください。

　中には，日本の大学から米国の大学に転入し，米国の大学を卒業された方や，米国大学に短期留学し，その単位を日本の大学にトランスファーされている方もいるでしょう。このような場合には，学歴評価依頼と米国大学からの証明書類の直送と，両方の手続きをする必要があります。

▎評価結果で不足単位を確認しよう

　評価が完了すると結果のレポートが，学歴評価機関から出願州に送付されます。ご自身も評価結果の内容をNIES Webサイトで確認できます。

　前述のように，グアムのような受験条件の厳しい州の条件を，日本の大学だけでクリアしていることは稀です。したがって，評価結果も「グアムの条件を満たしていない」という形で出されることがほとんどです。

　もちろん，「条件を満たしていない」とされても，追加の単位を取得すれば，希望の出願州への出願が可能となります。

学歴評価依頼は受験資格に関わる！

米国外で取得した学位・単位を判断する
権限は学歴評価機関にある。
評価依頼しくみなければ判断が難しい場合も。
半年前には依頼しよう！

【Step 4】出願手続き

■ 受験条件を再度確認しよう

　CPAの受験条件は大きく，学位，総取得単位，会計単位，ビジネス単位の4つに分かれます。日本で受験が可能な州で，人気のある出願州は，グアム，ワシントン，モンタナ，アラスカなどです。各州の受験条件を再度確認しましょう（61ページの一覧参照）。

■ 出願は願書の郵送またはオンラインで

　学歴評価の結果で確認した不足単位を，受験専門校の提携大学などで補充すれば，いよいよ希望の出願州へ出願できます。

　受験会場の空席の確保は先着順で行われますから，希望する受験会場・受験日時の予約を確実に行うためにも，受験希望時期の3カ月前には出願することをお勧めします。

　出願方法は，これまでは紙の願書を送付する方法が一般的でしたが，徐々にオンラインで出願が可能な州が増えています。

　受験料の支払いについては，これまで日本からはマネーオーダーを作成して送付する必要がありましたが，最近は州によってはクレジットカードでの支払いが認められています。受験者にとって手続き上の負担は，年々軽減されてきているといえます。

■ 州によって異なる受験手続き

　受験手続きは全米で統一化される方向にありますが，やはり必要とされる手続きには州ごとに違いがあります。

■ 出願時に必要な各州の手続き

出願州	成績証明書の同封	不正行為に関する同意書	パスポートコピーの同封
モンタナ州 (注)	—	—	—
アラスカ州	—	—	—
グアム	—	○	○
ワシントン州	—	—	—

【成績証明書の同封】（アラスカ州）

a.「Certification of Enrollment」用紙（大学在学中の場合のみ必要）

【不正行為に関する同意書】（グアム出願者）

　グアム出願の方は，不正行為に関する同意書（Rules on Cheating Form）に署名した上，願書に同封する必要がある

【パスポートのコピー】（グアム出願者）

　グアム出願の方は，パスポートのコピー（氏名の記載された箇所）を願書に同封する必要がある

出願手数料と試験料

通常,出願時には受験料として,①**出願手数料**(Application Fee)と,②**試験料**(Examination Fee)を支払います。

その他,日本会場で受験する際には③**追加手数料**が必要ですが,出願時には支払いません。追加手数料は受験票(NTS)を受領した後,試験会場を選択する前に支払います。

・グアム出願の場合

出願時に50ドルの①出願手数料のみ願書に同封して支払います。約1〜2週間後,NASBAからペイメント・クーポン(試験料の請求書)を受領しだい,NASBAサイトよりクレジットカードで②試験料を支払います。ペイメント・クーポンには,出願州・氏名・住所・科目名・試験料が記載されます。受領しだい,氏名や試験科目等に誤りがないか確認し,誤りがあればNASBAへ修正依頼を行ってください。訂正されるまで試験料の支払いは行わないでください。また,記載された有効期限内に試験料を支払ってください。

・ワシントン州・アラスカ州,モンタナ州出願の場合

出願時に①出願手数料と②試験料を同時にクレジットカードにて支払います。

■ 各州の試験料と手数料

①出願手数料 （初回）		②試験料 （全米統一価格）		③日本受験手数料 （全米統一価格）	
ワシントン州：	$155.00	FAR：	$208.40	FAR：	$356.55
アラスカ州：	$175.00	AUD：	$208.40	AUD：	$356.55
モンタナ州：	$245.00	REG：	$208.40	REG：	$356.55
グアム：	$ 50.00	BEC：	$208.40	BEC：	$356.55
		4科目合計：	$833.60	4科目合計：	$1,426.20

※ 出願手数料や試験料はしばしば変更されます。必ず最新の金額をご確認ください。

※ 日本受験を選択された場合，1科目当たりの受験料（試験料＋日本受験手数料）は，約550ドルになります。

(注：2017年11月現在)

■ 主要出願州ホームページで最新情報をチェックする

出願州	ホームページ
ワシントン州	http://www.nasba.org Exams ⇒ CPA Exam ⇒ 出願州一覧より選択
モンタナ州	
アラスカ州	
グアム	http://www.guamboa.org/

（注：受験条件，受験手続き，受験料などは，毎年どこかの州で改定されています。出願にあたっては，事前に出願希望州のホームページをチェックするなどして，最新の情報を入手する必要があります）

【Step 5】受験票（NTS）を受領する

▌出願者には受験票が送られる

全ての出願者は，願書を提出してから2〜3週間後，受験票（NTS = Notice to Schedule）が発行され，出願者にメール添付等で送られます。

NTSに記載された6カ月の有効期間内に，試験会場を予約し，受験する必要があります。米国・日本にかかわらず，会場予約にはNTSの取得が必要です。

NTSには氏名・出願科目名・科目ごとのSection ID・有効期限が記載されています。

受領しだい氏名のスペルを確認し，間違いがあった場合は，NASBAへ修正の依頼を行ってください。NTSに記載された氏名と試験会場に持参する身分証明書のスペルが一致していないと，会場への入室ができないので，注意が必要です。

次ページにNTSの見本とチェック事項を掲載しましたので，確認してください。

▌NTS受領に関する重要事項

NTS受領はとても大事になってきますので，ここでNTS受領に関する重要事項を4点挙げておきます。

① NTSの受領方法は，メール添付となります。
② NTSはテストセンターへ持参する大切な書類です。Emailにて NTSを受領した場合には，NTSをすぐにプリントアウトしましょう。

■ NTSの見本と注意事項

- □ 氏名スペルや住所を確認する（スペルの誤りは，必ず修正する。住所の誤りは，郵送受領が可能な程度のものであれば問題ない）。
- □ Passport Nameという欄に，出願者の氏名が記載されていない場合があるが，問題ない。
- □ Section IDとLaunch Codeは同一の番号が付番される。試験予約や試験開始時に入力する番号（出願する都度，新しい番号が付番される）。
- □ 記載された6カ月の有効期間内に，試験予約を行い，かつ受験する必要がある。

③ セキュリティレベルが高く設定されている場合，受信時にNTSを添付したメールが削除されるおそれがあります。大学や会社のアドレスは使用しないでください。

④ NTSはcbtnts@nasba.org より"NTS notification service"という件名で送信されます。迷惑メールと認識されないように，受信するパソコンのメーラーを設定しておいてください。

NTSには受験に関する重要事項が記載されていますので，よく読んでください。

【Step 6】試験会場を予約する

▍試験会場の空席を確認する

NTSが発行されると，日本受験手数料の支払いが可能になります。ただし，受験希望日が満席となっている可能性がありますので，手数料を支払う前に，必ずプロメトリックサイトにて空席状況を確認ください。

手数料の支払いより約24時間経過すると（カード決済が正常に処理されると），日本会場の予約が可能になります。

NTSの有効期限は，一般に発行日から6カ月間で設定されています。試験実施期間（Testing Window）2つから3つにわたる期間となり，この中で好きな日程を選ぶことができます。このフレキシブルさは，多忙なビジネスパーソンにとっては，非常にありがたいものです。

【空席状況】
- 試験会場の空席状況は，リアルタイムで変動します。
- 試験会場によっては，混雑状況に応じて，席数の割当てや試験ルームの調整が行われます。

▍受験日の予約変更も可能！

コンピューター試験のもう1つのフレキシブルさは，受験日の変更ができるという点です。いったん受験日を設定しても，受験日の30日以上前ならば，無料でスケジュールや会場の変更ができます。また，受験日から30日を切ったとしても，前日までならば，手数料がかかりますが変更は可能です。

- 試験予定日の30日以上前に変更手続きを行えば、手数料はかかりません。
- 試験予定日の29日～5日前の変更手続きの場合、35ドルの手数料がかかります。
- 試験予定日の5日～24時間前の変更手続きの場合、FAR：76.40ドル　AUD：76.40ドル　REG：57.30ドル　BEC：57.30ドルがかかります。
- 試験予定日の24時間以内の変更はできません。全ての試験料が没収されます。

column　合格体験記＆資格の活かし方

◎在学中にCPAに合格したYさんの場合

　Yさんは、将来経営者となって仕事をするためにCPAを目指しました。CPA受験のための、単位取得を第一ステップとして、在学中に受験資格を獲得し、CPAに合格しました。Yさんは、外資系投資銀行数社からオファーを受け、夏休みは米系や欧州投資銀行5社からインターンのオファーを受け、戦略系コンサルティング会社に就職しました。「CPAは財務を理解し、英語を使える1つの象徴になりますし、1つの目標に対して必ず結果を出す人間だという証拠になります。インターンでM&A案件のプロジェクトに入れられた際も、クロスボーダーの案件があったため、アメリカの財務諸表を読める私の能力は大きく評価されました」と、Yさんは言います。「CPAは自分の手に職をつけることができるし、すでに訪れているグローバル化の担い手になれるスタートポイントを与えてくれる」とCPA取得の成果を強調します。

　Yさんが挙げる学習ポイントは以下の3つ。1つ目は上記の在学中の受験資格の獲得、2つ目は効率的な学習法。具体的には講義のDVDを2倍速で視聴。問題集を2度繰り返して解いて基本事項を頭に叩き込む。ただし細かな点は最初から暗記せず、2週間前に集中して暗記するようにしたそうです。3つ目が早めに受験問題のシミュレーションに取り組むこと。これで一発合格！

【Step 7】試験本番に臨む

▍試験会場に私物は持ち込めない

試験当日には，緊張して忘れ物などしないよう注意してください。当日必ず持参しなければならないものは，NTSとID（パスポート）と試験予約確認番号です。NTSは，プリントアウトしたものを持参する必要があります。

試験ルームには，受験票を除き，私物の持ち込みは原則として禁止されています。本，ノート，筆記用具，時計，電卓，カバン類などは持ち込めません。これらは全て指定のロッカーに預けてからの入場となります。

問題への解答はコンピューター画面上で行い，電卓もコンピューター上のものを使用します。筆記用具と計算用紙は予め会場に用意されています。

▍合格基準は75点以上

おおよそ試験の結果は3週間程度で科目ごとに発表されます。

採点はCPA試験を統括する機関が一括して行いますので，出願州による影響は受けません。

ただし，結果の通知方法は州ごとに異なります。郵送で通知されるのが一般的ですが，最近では，オンライン上で結果を確認できる州が増えてきています。

合格基準は各科目とも75点以上です。

▍ お勧めの受験パターン

　前述の通り，CPA試験は科目合格が認められています。1度に4科目合格を目指すのは可能ですが，1科目ずつ合格するようスケジュールを調整したほうが安全です。

　とはいえ，科目合格の有効期間は18カ月しかありません。また，日本会場での受験可能期間は，1/1〜3/10，4/1〜6/10，7/1〜9/10，10/1〜12/10の約9カ月です。1科目ずつ確実に合格できれば1年で全科目合格できるものの，万一，不合格になった場合，科目合格の実績が失効してしまうリスクが高まります。

　早いタイミングで複数科目に合格できると，余裕をもって残り科目に取り掛かれます。科目合格の有効期間ぎりぎりになって焦ることのないよう，初回受験時は2科目の合格を目指すようお勧めします。

　　　　　　　　　　＊　　　＊　　　＊

　それでは，次章で，実際の試験内容を，ポイント解説とともに見ていきましょう。

　これは，簡単な試験問題のシミュレーションにもなります。

　自信のある方は，解説と解答は見ずに模擬試験のつもりで力試しをしてみるとよいでしょう。

　英語や専門知識に自信のない方は問題に目を通した後，解説を読みながら内容を理解していきましょう。ポイントとなる用語（英語）は太字にしてあります。

　さあ，スタートしてください。

column ローカルCPAとグローバルCPA

◎会計士資格の国際競争時代へ

　日本開催をはじめとしたCPA試験の米国外開催が決定したことで，公認会計士資格の二分化が決定づけられたといえるでしょう。具体的には，「ローカルCPA」と「グローバルCPA」の2つです。「ローカルCPA」とは，その国の言語で試験が実施され，その国でしか試験が行われない資格。日本の会計士資格はもちろん，中国，韓国など，ほとんどの国の会計士資格は，このローカルCPAに当てはまります。一方，「グローバルCPA」とは，英語で試験が行われ，国外でも試験が行われる資格です。現在，「グローバルCPA」と考えられる資格は，英国のACCA（勅許会計士協会）が実施するChartered Accountant（勅許会計士）と，CPAの2つです。従来であれば，日本の会計基準を知っている日本の会計士でなければ，日本での業務が行えないと考えられてきました。しかし，各国の会計基準の内容がIFRSに統一されつつある現状，どこかの国の会計士資格を持っていれば事足りる，そんな時代になりつつあります。これから会計のプロフェッショナルを目指す方は，「ローカルCPA」と「グローバルCPA」のどちらかを，選択することになるでしょう。いわば，会計士資格の国際競争が始まったのです。この国際競争に勝つのは，やはり，「グローバルCPA」になるのではないでしょうか。このことは，日本における英語の資格試験，「英検」と「TOEIC」の盛衰のアナロジーが参考になります。20年ほど前までは，英語能力を測る試験としては，「英検」がもてはやされていました。しかし，現在はどうでしょう。日本以外でも行われている「TOEIC」が，その地位にとって代わっているのではないでしょうか。今回，CPA試験の米国外での実施を決めた背景には，CPAをグローバル化させるのだという，米国の強い意志を感じます。会計のプロフェッショナルを目指す方も，グローバルに展開する資格で，キャリア構築する時代が来ていると思います。

第4章

USCPA試験の出題形式と内容を理解しておこう

各科目の出題形式

出題形式の中心は4択

次項以降で,CPA試験の問題の中身と解答方法を具体的に見ていきますが,まずは出題形式の概要を把握しておきましょう。

CPA試験では,FAR(財務会計),REG(法規),AUD(監査及び証明業務)の3科目は4択問題(Multiple Choice Question:MC問題)が50%,残り50%が総合問題(Task-based Simulation:TBS問題)で構成され,BEC(ビジネス環境及び諸概念)は4択問題50%,総合問題35%,記述式問題(Written Communication:WC問題)15%で構成されます。

半分を占める4択問題(Multiple Choice Question:MC問題)とは,文字通り4つの選択肢の中から1つの正解を選択する形式の設問です。総合問題(Task-based Simulation:TBS問題)とは,実際の財務諸表や確定申告書などへ数値を穴埋めする形式や,複数の選択肢からの択一形式など,様々な形式を含んだケース・スタディの設問です。会計士が実際に遭遇するであろう職務状況がケース化され,分析力,判断力,応用力,リサーチ能力などが問われます。

BEC(ビジネス環境及び諸概念)でのみ採用されている記述式問題(Written Communication:WC問題)は,設問に対し,英作文で解答する記述形式の設問です。キーワードを含んだ意味の通る文章に対して,部分点を含んだ得点が付与されます。

科目ごとの問題構成

　FAR（財務会計）の試験時間と問題数は4時間74問、REG（法規）は4時間84問、AUD（監査及び証明業務）は4時間80問、BEC（ビジネス環境及び諸概念）は4時間69問で構成されます。

　配点比率はMC問題が50％、その他の形式の問題が50％です。

試験時間、配点比率と問題構成

科目（試験時間）	MC問題	TBS問題	WC問題
FAR（4時間）	50％（66問）	50％（8問）	－
REG（4時間）	50％（76問）	50％（8問）	－
AUD（4時間）	50％（72問）	50％（8問）	－
BEC（4時間）	50％（62問）	35％（4問）	15％（3問）

　CPA試験はテストレット（Testlet）と呼ばれる問題群で構成されています。同一のテストレット内であれば、前の問題に戻っての見直しができます。1つのテストレットを終了して次のテストレットに進むと、再び前のテストレットに戻ることはできませんから、テストレットごとの時間配分が重要になります。

　なお、各テストレットには、試験範囲内の様々なトピックスの問題が順不同で混在して並んでいます。

FAR／REG／AUDの出題構成

　FAR／REG／AUDでは，MC問題（4択問題）が50％，TBS問題（総合問題）が50％という配点比率になります。CPA試験の合格点は75点ですから，MC問題だけでなくTBS問題の攻略も重要になります。ただし，TBS問題は情報量が多いため，英文読解力が必要になりますが，難易度はそれほど高くありません。MC問題の演習で基礎力を高めていけば，TBS問題にも十分対応できます。

FAR／REG／AUD 試験の出題構成

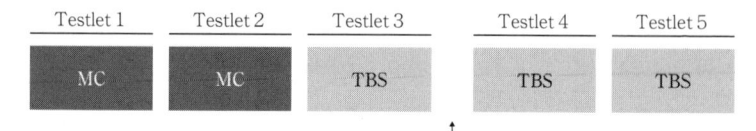

Testlet 1	Testlet 2	Testlet 3	Testlet 4	Testlet 5
MC	MC	TBS	TBS	TBS

↑
15分の休憩時間（任意）

BECの出題構成

　BECでは，MC問題（4択問題）が50％，TBS問題（総合問題）が35％，WC問題（記述問題）が15％という配点比率になります。WC問題を過剰に意識せず，まずはMC問題の対策を着実に進めるとよいでしょう。

BEC 試験の出題構成

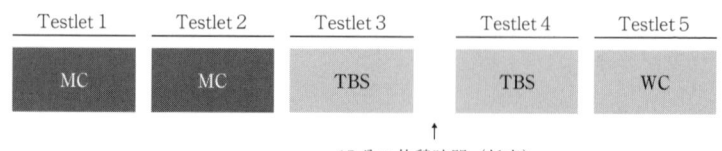

Testlet 1	Testlet 2	Testlet 3	Testlet 4	Testlet 5
MC	MC	TBS	TBS	WC

↑
15分の休憩時間（任意）

15分の休憩時間

　あるテストレットから次のテストレットへ移行する際，1度だけ最大15分間の休憩時間を任意でとることができます。

▋ MC問題には難易度の変化がある

　MC問題が出題される最初の2つのテストレットには，"Medium"と"Hard"という難易度が設定されています。いずれの科目も，最初のテストレットは"Medium"から始まり，そこでのパフォーマンス如何で，2つ目のテストレットの難易度が変わります。

　"Hard"では，難易度の高い問題を含む割合が高くなります。全ての問題が難問というわけではありません。難易度により，各問題に対する配点には差が付けられているため，受験者の実感と実際の得点にずれが生じる場合があります。しかしながら，難易度変化は，限られた問題数の中で，受験者の実力をより正確に測定することを目的とした制度上の仕組みに過ぎません。たとえ両方のテストレットが"Medium"だったとしても合格は可能です。ですから，本試験において，テストレットの難易度を意識する必要は全くありません。常に「1問でも多く正解する」という姿勢を貫くことが大事です。

Testlet Selection on the Uniform CPA Examination

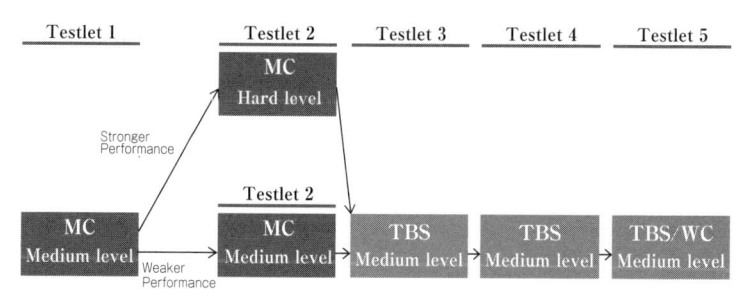

| Testlet 1 | Testlet 2 | Testlet 3 | Testlet 4 | Testlet 5 |

```
                        MC
                    Hard level
              Stronger
              Performance
                       Testlet 2
    MC              MC         TBS        TBS       TBS/WC
Medium level → Medium level → Medium level → Medium level → Medium level
         Weaker
         Performance
```

◆科目1　財務会計（FAR）

MC問題

1　繰延税金の計上額は？

A temporary difference which would result in a deferred tax liability is

　　a．Interest revenue on municipal bonds.
　　b．Accrual of warranty expense.
　　c．Excess of tax depreciation over financial accounting depreciation.
　　d．Subscriptions received in advance.

［解説と正解］

　繰延税金負債（deferred tax liability） の計上について問う問題。繰延税金負債を計上すると，当期の課税所得が税引前利益より少なく，翌期以降にこの関係が逆転する。当期にこうした状態を生み出す要因としては，財務会計上の減価償却費より税務上損金計上できる減価償却費が多い場合がある。a．の受取利息も，税務上益金にならないので当期の課税所得が税引前利益より少なくなる要因だが，永久差異であるので誤り。b．とd．は，課税所得が税引前利益より多くなるケースなので誤り。

正解：c

2 計上される減損額は？

During December 20x1, AstroMetro Inc. determined that there had been a significant decrease in the market value of its equipment used in its manufacturing process. At December 31, 20x1, AstroMetro compiled the information below.

Cost of the equipment	$200,000
Accumulated depreciation to date	150,000
Expected net future undiscounted cash flows	37,500
Fair value of the equipment	31,250

What is the amount of impairment loss that should be reported on AstroMetro's income statement prepared for the year ended December 31, 20x1?

  a. $0
  b. $12,500
  c. $18,750
  d. $168,750

[解説と正解]

割引前予測正味キャッシュフロー（Expected net future undiscounted cash flows, $37,500）は設備の簿価（$50,000 = Cost of the equipment $200,000 - Accumulated depreciation to date $150,000）よりも低いので、簿価と**公正価値**（fair value, $31,250）の差額（$18,750）が**減損損失**（impairment loss）として計上される。

正解：c

3 減価償却費の計算

Marlin Co. purchased a machine with a four-year estimated useful life and an estimated 10% salvage value for $20,000 on January 1, 20x2. In its income statement, what would Marlin report as the depreciation expense for 20x4? Marlin uses the double-declining balance method.

a. $2,250
b. $2,500
c. $4,500
d. $5,000

[解説と正解]

2倍逓減法（double-declining balance method）によって、4年の見積耐用年数（estimated useful life）で3年後の減価償却費を問うている。2倍逓減法は仮に定額法を適用した場合の減価償却率の2倍の減価償却率を適用する方法であり、減価償却費の計算式は、＜減価償却費＝(取得原価－期首の減価償却累計額)×定額法の2倍の減価償却率＞である。なお、2倍逓減法では**残存価額（salvage value）** が使用されていないが、残存価額部分は減価償却できないので減価償却費は減価償却可能額までが限界となる。本問の償却率は1/4×200%＝50%で各年の減価償却費は以下のとおり。

20x2　expense　($20,000－$0)×50%＝$10,000
20x3　expense　($20,000－$10,000)×50%＝$5,000
20x4　expense　($20,000－$15,000)×50%＝$2,500

正解：b

4 有価証券の評価

Klesko Co. purchased bonds at a discount on the open market as an investment. Assuming Klesko intends to hold these bonds to maturity, it should account for these bonds at

 a．Cost.
 b．Amortized cost.
 c．Fair value.
 d．Lower of cost or market.

[解説と正解]

満期保有目的有価証券（held-to-maturity securities）は，償却原価（amortized cost）で計上され，**未実現損益**（unrealized gain/loss）は計上されない。**実現損益**（realized gain/loss）については適切な期間の損益計算書で認識する必要がある。

正解：b

5 EPS

A company reports net income for the year ended December 31, Year One, of $1,200,000. The company paid $270,000 in cash dividends to its preferred stockholders and $120,000 in cash dividends to its common stockholders. The company had 30,000 shares of preferred stock outstanding all year. The company began the year with 100,000 shares of common stock outstanding but, on October 1, issued an additional 20,000 shares. What should the company report for the year as its basic earnings per share? (round to the nearest penny)

 a. $6.75. b. $7.71. c. $7.74. d. $8.86.

[解説と正解]

　純利益(net income)は$1,200,000だが優先株式の株主(preferred stockholders)に$270,000の現金配当(cash dividends)を支払っているので,普通株式の株主に帰属する利益は$930,000 ($1,200,000－$270,000) である。**加重平均流通普通株式数(weighted number of common stock outstanding)** は105,000株(＝100,000×12/12＋20,000×3/12)となる。また,加重平均流通普通株式数は次のように求めることもできる。はじめの9カ月の**流通株式数(outstanding stock)** が100,000株であり,残りの3カ月の流通株式数が120,000株なので,105,000株(＝100,000×9/12＋120,000×3/12)となる。基本的**1株当たり利益(basic earnings per share：EPS)** は$930,000を105,000株で割って求められるので,$8.86(四捨五入)と算出される。

正解：d

6 IFRSの基準設定機関は？

Which of the following organizations sets the International Financial Reporting Standards (IFRSs) ?
   a．Financial Accounting Standards Board (FASB)
   b．International Accounting Standards Board (IASB)
   c．Accounting regulatory Committee (ARC)
   d．Securities and Exchange Commission (SEC)

［解説と正解］

　国際財務報告基準（International Financial Reporting Standards：IFRSs）の基準設定機関を問う問題。国際財務報告基準は，**国際会計基準審議会**（International Accounting Standards Board：IASB）により設定される。したがって正解はb。

　FASBは，米国の会計基準（U. S. GAAP）を設定するので，aは誤り。

　ARCは，EUがEU域内におけるIFRSの適用について決めるために設立された組織の1つであり，cは誤り。

　米国の証券取引委員会であるSECは，米国におけるIFRS適用の方針を決めるが，IFRS設定主体ではないためdも誤り。

正解：b

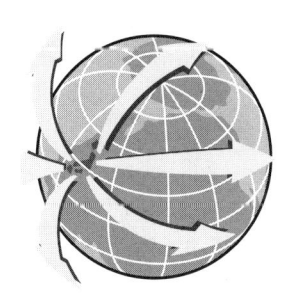

7 政府会計における報告内容

The government of Red City maintains a garage for its police vehicles. This garage is recorded by Red city as an internal service fund. In the government-wide financial statements, how will this internal service fund be reported?

 a. As a governmental activity.
 b. As a business-type activity.
 c. As an enterprise fund.
 d. As a proprietary fund.

［解説と正解］

　ファンド財務諸表（fund-based financial statements）では内部サービスファンド（internal service funds）は企業会計区分（proprietary funds）として報告される。しかし**政府全体財務諸表（government-wide financial statements）**ではinternal service fundの位置づけは活動のタイプによって変わってくる。**ガレージ（garage）**は**政府型活動（governmental activity）**である**警察（police department）**にサービスを提供するので、このinternal service fundはgovernmental activityに分類される。

正解：a

TBS問題

8　現金と現金同等物

Cash and cash equivalents are reported as cash on the balance sheet.
On the table below, choose the corresponding category as to where each of the following
items belongs.

1. Coins and bills	
2. Commercial papers	
3. Checks	
4. Cash restricted by legal restrictions	
5. Treasury bills	
6. Cash reserved for bond-sinking funds	

<Drop down list>

Cash
Cash equivalents
Neither cash nor cash equivalents

Seaver Corp. had the following items recorded in its cash sub-ledger.
Calculate the total amount that should be reported on its balance sheet as "cash".

1. Commercial paper $50,000	$50,000
2. Cash reserved for bond-sinking funds $120,000	$120,000
3. Bank deposits $80,000	$80,000
4. Checks and money orders $12,000	$12,000
5. Coins and bills $3,000	$3,000
6. Treasury bills $20,000	$20,000
Amount to be recorded as cash	

[解説と正解]

最初の問題は,現金(cash),現金同等物(cash equivalents),及び現金及び現金同等物に該当しない項目に分類する問題。

① 現金(cash):硬貨,紙幣,銀行預金,小切手,為替
② 現金同等物(cash equivalents):**米国財務省短期証券(TB),コマーシャルペーパー(CP),短期金融市場投資信託(MMF)**
③ 現金及び現金同等物に該当しない項目:法律の規制により自由に使用できない現金,外貨の規制で外国より持ち出せない現金及び現金同等物,**減債基金(bond sinking fund)の現金**

上記を踏まえて解説する。

1. 上記①より,**硬貨と紙幣(coins and bills)**は現金(cash)に該当する。

正解:Cash

2. 上記②より,コマーシャルペーパー(CP)は現金同等物(cash equivalents)に該当する。

正解:Cash equivalents

3. 上記①より,**小切手(checks)**は現金に該当する。

正解:Cash

4. 上記③より,法律の規制により**自由に使用できない現金(Cash restricted by legal restrictions)**は現金及び現金同等物に該当しない。

正解:Neither cash nor cash equivalents

5. 上記②より,**米国財務省短期証券(treasury bills)**は現金同等物に該当する。

正解:Cash equivalents

6. 上記③より,**減債基金の現金(cash reserved for bond-sinking funds)**は現金及び現金同等物に該当しない。

正解:Neither cash nor cash equivalents

次の問題は，例示された会社の場合，貸借対照表に，現金として表示される金額を問うている。

貸借対照表では，現金及び現金同等物を合わせて現金として表示する。本問の場合は，**減債基金の現金**（cash reserved for bond-sinking funds）を除く全てが現金及び現金同等物に該当する。報告すべき金額は，$165,000（＝50,000＋80,000＋12,000＋3,000＋20,000）となる。

正解：Amount to be recorded as cash $ 165,000

◆科目2 法規（REG）

MC問題

1 ゼネラルパートナーシップ設立

An agreement to form a general partnership

 a．must be in writing.

 b．may be oral, written, or implied by conduct.

 c．is another term for the agency charter.

 d．must be filed with the state.

［解説と正解］

ゼネラルパートナーシップの合意事項の形式を問う問題。ゼネラルパートナーシップは**口頭**（oral），**書面**（written），**黙示**（implied by conduct）のいずれの形式であってもよい。

実際はゼネラルパートナーシップの存続期間やビジネス内容によって形式が決まってくる。

正解：b

2 担保責任

Under the Sales Article of the UCC, most goods sold by merchants are covered by certain warranties. An example of an implied warranty would be a warranty of

 a．Rightful transfer
 b．Free from security interest
 c．Merchantability
 d．Conformity of goods to sample

［解説と正解］

　黙示の**担保責任**（implied warranty）に関して問われている。

　黙示の担保責任の1つに，**商品性の担保責任**（warranty of merchantability）がある。したがって正解はc。

　商品性の担保責任については以下のとおり。

　（条件）**売主が承認の場合**（the seller is a merchant）

　（保証内容）**販売物品は通常使用される目的を果たす**（goods are fit for ordinary purpose）。

　書面でも口頭でも，"merchantability"という言葉が含まれていなければならず，書面の場合は目立つ方法でなければならない。

　なお，黙示の担保責任には**特定目的適合性の担保責任**（warranty of fitness for a particular purpose）もある。

正解：c

3 会計士のライセンスと懲罰システム

Which of the following acts, if caused by a member of the AICPA, could the member receive an automatic expulsion from the AICPA?

Ⅰ. Member is convicted on charges of felony.

Ⅱ. Member files his own fraudulent tax return.

Ⅲ. Member files fraudulent tax return for a client with the knowledge that it is fraudulent.

 a．Ⅰ only.

 b．Ⅰ and Ⅱ only.

 c．Ⅰ and Ⅲ only.

 d．Ⅰ, Ⅱ, and Ⅲ.

［解説と正解］

AICPA（アメリカ公認会計士協会）の会員が，AICPAから自動的に除名処分を受け得る場合について問う問題。

Ⅰ．会員が重罪の判決を受ける。

Ⅱ．会員が自身の詐欺的な納税の申告書を提出する。

Ⅲ．会員はクライアントの納税の申告書をそれが詐欺的なものと知りながら提出する。

上記のいずれの場合にもAICPAの会員であるCPAはAICPAから自動的に除名処分を受ける。

正解：d

4　総所得

George Watson, age 25 and single with no dependents, had an adjusted gross income (AGI) of $30,000 in 20x1, exclusive of $2,000 in unemployment compensation benefits received in 20x1 The amount of Watson's unemployment compensation benefits taxable for 20x1 is:

  a．$2,000
  b．$1,000
  c．$500
  d．$0

[解説と正解]

　個人所得税に関する問題である。税法で規定する一定の所得を除き，原則として全ての所得は**総所得（gross income）**に含まれる。Gross incomeに含まれないことを Exclusion from gross income といい，雇用主が従業員に支払う傷害や病気の際の給付等は，税法上の一定の要件を満たすことにより，Exclusion from gross income に該当する場合がある。ただし，**失業保険金（unemployment compensation）**は，**全額総所得（gross income）**に算入される。

正解：a

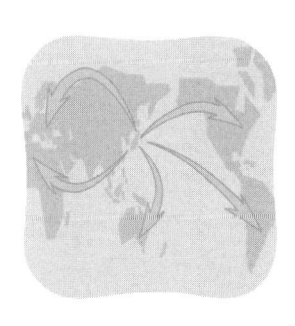

5 パートナーシップ持分の課税基準額

Murray and Palmer form Camden Partnership. Murray contributed $20,000 cash and Palmer contributed land. The land has a fair market value of $20,000 and an adjusted basis of $12,500 at the date of the contribution. Murray and Palmer are equal partners. What is Palmer's basis immediately after formation?

 a．$0
 b．$12,500
 c．$16,250
 d．$20,000

［解説と正解］

　パートナーシップ設立直後のPalmerのパートナーシップ持分のBasis（**課税基準額**）を問う問題である。一般的に，パートナーが，資産の出資と交換に，パートナーシップ持分を取得した場合，利益・損失は認識されない。結果として，パートナーシップ持分のBasisは，出資された資産のBasisに相当する。

　本問では，Palmerが出資した土地のBasisは，$12,500であることから，これがPalmerのパートナーシップ持分のBasisに相当する。

正解：b

6　項目別控除

Which of the following taxes are not deductible as itemized deductions by a self-employed taxpayer?

 a．Personal property taxes

 b．Foreign real estate taxes

 c．One-half of self-employment taxes

 d．Foreign income taxes

［解説と正解］

申告書 Form 1040 の Schedule A（個人納税者：self-employed taxpayerの所得税申告書）において計算される項目別控除において控除可能となる項目に関する理解を問う問題。

本問では項目別控除として控除できない税金の種類を選ぶことになる。自営業者税の半分は調整総所得を算出する際に控除できる。その他の動産税，外国不動産税，外国所得税は項目別控除として控除可能である。

正解：c

TBS問題

7 Gross incomeに含まれる代表的な項目

Cole, a newly-licensed CPA, opened an office in 20x1 as a sole practitioner engaged in the practice of public accountancy.
Cole reports on the cash basis for income tax purposes. Listed below are Cole's 20x1 business and nonbusiness transactions, as well as possible tax treatments.
For each of Cole's transactions, select the appropriate tax treatment by the list provided.
A tax treatment may be selected once, more than once, or not at all.

1. Fees received for jury duty.	
2. Interest income on mortgage loan receivable.	
3. Taxes paid on land owned by Cole and rented out as a parking lot.	
4. Fee for the biennial permit to practice as a CPA.	
5. Costs of attending CPE courses in fulfillment of state board requirements.	
6. Write-offs of uncollectible accounts receivable from accounting practice.	
7. Loss sustained from nonbusiness bad debt.	

<Drop down list>

A．	Taxable as interest income in Schedule B-Interest and Dividend Income.
B．	Taxable as other income on page 1 of Form 1040.
C．	Not taxable.
D．	Deductible on page 1 of Form 1040 to arrive at adjusted gross income.
E．	Deductible in Schedule B-Interest and Dividend Income.
F．	Deductible in Schedule C-Profit or Loss from Business.
G．	Deductible in Schedule D-Capital Gains or Losses.
H．	Deductible in Schedule E-Supplemental Income and Loss.
I．	Claimed in Form 1116-Foreign Tax Credit, or in Schedule A-Itemized Deductions, at taxpayer's option.
J．	Not deductible.

［解説と正解］

　各取引がGross incomeに算入されるか，また控除できるかについて問われている。取引によっては別表で計算されてForm 1040の1ページに転記されることを理解しておく必要がある。

1. 陪審員を務めたこと（jury duty）によって得た報酬はサービスに対する補償であり総所得に含まなければならない。

正解：B

2. 譲渡抵当（mortgage loan）よりの受取利息収入は総所得に含まなければならず，"別表B－利息及び配当金収入"にて利息収入として課税される。

正解：A

3. 賃貸（rent）に関わる収入及び経費は通常別表Eにおいて申告される。したがってこの税金は"別表E－補足的所得及び損失"にて控除される。

正解：H

4. 州・地方政府に支払われた許可（permit）もしくは規定費用は通常かつ必要な事業経費であり，"別表C－事業による損益"にて単独事業主により控除される。Cole氏は現金主義納税者であり，2年分の許可費用であっても支払いを行った20x1に全額控除できる。

正解：F

5. 個人事業主の全ての事業経費は"別表C－事業による損益"にて控除される。

正解：F

6. 問題文中にCole氏は現金主義を使用しているとある。現金主義の納税者が行った役務提供に対する債権は総所得には算入されていないため，回収不能となっても事業上の貸倒損失として控除することはできない。

正解：J

7. 非事業上の貸倒損失（nonbusiness bad debt）は常に短期資本損失として扱われる。したがって，"別表D－資本利得あるいは損失"にて控除される。

正解：G

8 申告資格

Assume Ryan has a client, Mrs. White who is a 48-year-old cash-basis taxpayer. She is widowed on August 31, Year 1 For all of Year 1 and Year 2 the White's residence was the principal home of both their 10-year-old son Dante and Mrs. White's unmarried cousin, John West, who had no income in either year. In Year 1 and Year 2 Mrs. White provided over one-half the support for Dante and John, both of whom were US citizens. Mrs. White did not remarry.

For the following item, determine the proper filing status and the number of exemptions for the item by selecting the answer from the list provided.

Situation	Filing Status	Number of Exemptions
The filing status and the number of exemptions that Mrs. White can claim on the Year 1 federal income tax return, to get the most favorable tax results		

<Dropdown list for Filing Status>

Single
Married filing joint
Head of household
Qualifying widow with dependent child

［解説と正解］

　申告資格（filing status）と，人的控除（filing status）を利用できる人数を問う問題。

　申告資格の種類には，夫婦合算申告（married filing jointly），夫婦個別申告（married filing separately），特定世帯主（head of household），適格寡婦・寡夫（qualified widow(er)），単身者（single）がある。また人的控除は，納税者，配偶者，扶養家族について控除可能である。

　White氏はYear 1 中に死亡したので，White夫人の**申告資格（filing status）**は**夫婦合算申告（married filing jointly）**となる。**控除人数（exemptions）**は，White夫妻，Dante氏，John氏の４人分用いることができる。John氏はいとこであるが，納税者と同居しているので控除人数に含まれる。

正解：Filing Status:Married filing joint Number of Exemptions：4

column IFRS

◎CPAで学べるIFRS

　CPA試験の科目の1つである財務会計（FAR）は，U.S.GAAP（米国会計基準）に基づく内容が出題されます。U.S.GAAPとIFRSは，名称は異なりますが，実務における具体的な会計処理はかなりの程度重なっているのが現状です。それは，両基準の収斂（コンバージェンス）作業の進展によります。会計基準のコンバージェンスとは，それぞれの会計基準を並存させつつ，差異を縮小させる取組みのことです。コンバージェンスを進めた結果，論者によっても異なりますが，実務上の会計処理の約80～90％程度，U.S.GAAPはIFRSと重なっているといわれています。

　また，2011年から，FARにIFRSが出題されています。今後使用される機会の多い会計基準というものを念頭に置くと，出題の多くは，IFRSとU.S.GAAPの重なり合っている部分と，IFRS独自の出題が占めると考えられます。逆に，U.S.GAAPのみの論点というのは，出題比率が減少していくものと考えます。

　したがって，CPAの学習を通じて身につける会計知識は，ほぼIFRSであるといってもよいでしょう。

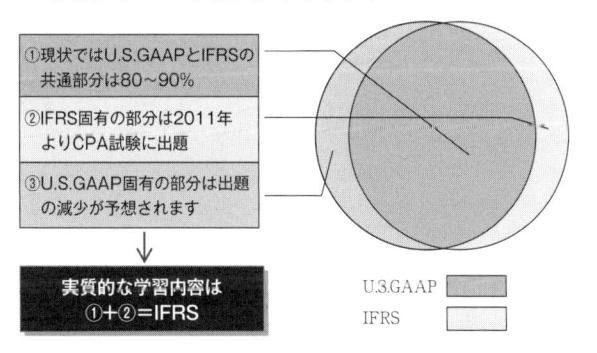

- ①現状ではU.S.GAAPとIFRSの共通部分は80～90％
- ②IFRS固有の部分は2011年よりCPA試験に出題
- ③U.S.GAAP固有の部分は出題の減少が予想されます

↓

実質的な学習内容は ①+②=IFRS

U.S.GAAP　
IFRS　

第4章　USCPA試験の出題形式と内容を理解しておこう

◆科目3 監査及び証明業務 (AUD)

MC問題

1 監査手続 (テスト) の方向性

In assessing control risk for purchases, an auditor vouches a sample of entries in the voucher register to the supporting documents. Which assertion would this tests of controls most likely support?

  a. Completeness.
  b. Existence.
  c. Valuation and allocation.
  d. Rights and obligations.

［解説と正解］

会計記録から原始証憑へと辿るvouchと呼ばれるテストは，会計記録が本当に実在しているのかを確認する。このテスト方法が用いられるものを選択する問題である。

網羅性 (**completeness**) は，会計記録に遺漏がないかを問うものであり，テスト方法はvouchと逆に原始証憑から会計記録へと辿るtraceが用いられるので，aは誤り。**評価** (**valuation**) や**権利** (**rights**) に関しては，vouchで明らかにならないのでc，dは誤り。

正解：b

2　内部統制の構成要素

Which of the following is not a component of an entity's internal control?

　　a．Control risk.
　　b．Control activities.
　　c．Monitoring.
　　d．Control environment.

［解説と正解］

内部統制（internal control）の構成要素に含まれないものを選択する問題である。

監査基準によると，内部統制を構成する5つの要素とは，**統制環境**（control environment），**リスク評価**（risk assessment），**統制活動**（control activities），**情報と伝達**（information and communication），**監視**（monitoring）であるので，b，c，dは誤り。

統制リスク（control risk）は，監査業務に関わる概念の1つであって，企業の内部統制の構成要素ではない。

正解：a

3 監査報告の種類

In a case with scope limitation, the type of auditor's opinion varies depending upon the possible effects on the financial statements of undetected misstatements. Which of the following combination of opinion type and possible effects is the most appropriate?

	Material but not pervasive	Material and pervasive
a.	Unmodified opinion	Adverse opinion
b.	Qualified opinion	Adverse opinion
c.	Qualified opinion	Disclaimer of opinion
d.	Disclaimer of opinion	Disclaimer of opinion

［解説と正解］

監査範囲の制限に係る意見の種類についての問題。

監査範囲の制限がある場合，その意見としては**限定意見（qualified opinion）もしくは意見差控え（disclaimer of opinion）**となるが，両者の何れを採るかの基準となるのは，**虚偽表示の影響の広がり方（pervasiveness）**である。すなわち，虚偽表示が重要だが広範囲に広がるものではない（material but not pervasive）である場合は限定意見となるが，重要且つ広範囲に広がるものである（material and pervasive）である場合，意見差控えとなる。

正解：c

4　確認状の送付

Which of the following is the primary purpose of sending a standard confirmation request to financial institutions with which the client has done business during the year?

 a．Detect kiting activities that may otherwise not be discovered.

 b．Corroborate information regarding deposit and loan balances.

 c．Provide the data necessary to prepare a proof of cash.

 d．Request information about contingent liabilities and secured transactions.

［解説と正解］

　確認状（confirmation request）を送付する主な目的が問われている。確認状の送付は実在性立証のための最も有効な監査手続きである。

　CPAは通常，確認状には口座名のみを記載し，残高の裏づけを求める。確認状を受け取った金融機関は口座残高を記入してCPAに確認状を直接返送する。

　確認状ではカイティング（kiting）を発見できないので，aは誤り。また，確認状から分かる情報は口座の残高のみで，入出金の証拠となる情報は分からないので，cは誤り。偶発債務や担保権設定についての情報は求めていないので，dは誤り。

正解：b

5 独立性の欠如

In which of the following situations should an auditor not issue a qualified opinion?

    a．An accounting principle at variance with GAAP is used.

    b．The auditor's report refers to the work of a specialist.

    c．A scope limitation prevents the auditor from completing an important audit procedure.

    d．The auditor lacks independence with respect to the audited entity.

［解説と正解］

　限定意見を表明しない状況について問われている。限定意見とは実施した監査の結果，財務諸表の一部に問題があるものの，その**重要性（materiality）**が大きくない場合に，「**関連する事項を除いて（except for）**財務諸表は全ての重要な点において会社の財政状態，経営成績及びキャッシュフローの状況をGAAPに準拠して適正に表示している」と表明する意見である。

　独立性のない監査人は意見を述べることは不可であり，出すとしても意見差し控えとなる。

　GAAPからの逸脱は，限定意見または不適正意見であるので，aは誤り。専門家について言及するのは，限定意見，不適正意見，または意見差控えを表明する場合に限られるので，bは誤り。監査範囲の制限は限定意見または差し控えであるので，cは誤り。

正解：d

6 統制環境

In which of the following is the overall attitude and awareness of an entity's board of directors concerning the importance of internal control usually reflected?

　　a．Safeguards over access to assets.
　　b．System of segregation of duties.
　　c．Control environment.
　　d．Computer-based controls.

［解説と正解］

　企業の取締役会における**内部統制**（internal control）の重要性に関する全般的な態度と認識を反映するものについて問う問題。

　統制環境（control environment）は，内部統制（internal control）の重要性に関する取締役会，経営者，オーナー等の認識を反映する。

　他の選択肢は，個々の内部統制に関する具体的な手法や手続きを指す言葉であって，内部統制に関する全般的な態度や認識を表す言葉ではないため，a，b，dは誤り。

正解：c

TBS問題

7 売掛金に対する実証性テスト

Kauz, CPA, audits the financial statements of Cynthia Company for the year ended December 31, 20x1. Cynthia Company a single-store retailer that sells a variety of tools, garden supplies, lumber, small appliances, and electrical fixtures to the public, although about half of Cynthia's sales are to construction contractors on account. Kauz obtained an understanding of control activities relevant to the audit, and performed audit procedures of accounts receivable and securities. Kauz sent a confirmation to the customers whose accounts were selected for examination.

For each of Kauz's audit procedures listed below, choose the assertion that is most likely tested by the procedure. Each choice on the list may be used once, more than once, or not at all.

Audit Procedures	Answer
1. Kauz reviewed delinquent customers' credit ratings.	
2. Kauz confirmed accounts receivable.	
3. Kauz tested sales transactions at year end to determine that they were recorded in the proper period.	
4. Kauz accounted for the numerical sequence of sales orders.	
5. Kauz vouched the recorded accounts receivables to shipping documents.	

6. Kauz determined that accounts receivable was presented on the balance sheet as a current asset.	
7. Kauz aged the accounts receivable.	
8. Kauz inquired of management about the possibility that the receivables had been sold or factored.	
9. Kauz reconciled the total receivables from the subsidiary ledger to the balance in the general ledger.	
10. Kauz determined that a note was included describing any sales with related parties.	

<Drop down list>

A. Completeness
B. Rights and obligations
C. Valuation and allocation
D. Existence
E. Classification and understandability
F. Cutoff

[解説と正解]

各監査手続きが，売掛金に関するどのアサーションをテストしているかについて問う問題。

売掛金のアサーションには，選択肢にあるとおり，**網羅性（completeness），権利と義務（right and obligation），評価と配賦（valuation and allocation），実在性（existence），分類と理解可能性（classification and understandability），カットオフ（cutoff）**などがある。

1．評価・配賦：監査人は，債務不履行の顧客の信用度をレビューすることで，貸倒引当金の評価を検証することができる。

正解：C

2．実在性：監査人は，確認状を用いて，売掛金の実在性を確認することができる。

正解：D

3．カットオフ：監査人は，期末に売上取引をテストすることで，売掛金に係わる取引が正しい会計期間に計上されているか（カットオフ）を確認できる。

正解：F

4．網羅性：監査人は，会計期間の売上注文表の番号が連番となっているか（番号が欠けていないか）をチェックすることで，売上が全て記録されているか（網羅性）を確認できる。

正解：A

5．実在性：監査人は，出荷指示書と証憑突合することによって，売掛金の実在性を確認することができる。

正解：D

6．分類と理解可能性：監査人は，売掛金の回収期間を考慮して，短期または長期の資産として，適切に財務諸表に表示されているかをチェックする。

7. 評価と配賦：監査人は，売掛金の年齢調べを行い，貸倒引当金の評価を行う。

正解：E

8. 権利及び義務：監査人は，経営者に売掛金の売却やファクタリングが行われているかを質問することで，権利の所在を確認する。

正解：C

9. 網羅性：監査人は，補助元帳から総勘定元帳をチェックすることで，売掛金が全て記録されているか（網羅性）を確認する。

正解：B

10. 分類と明確性：監査人は，関連会社間での売上が適切に財務諸表に開示されていることをチェックする。

正解：A

正解：E

8 レビューと調製

Items 1 through 9 present various phrases or characteristics which may apply to audits, compilations and reviews. Choose from the list below the appropriate report to which the phrase or characteristic applies. Each choice on the list may be selected once, more than once, or not at all.

1. An accountant is not precluded from issuing a report because of a lack of independence.	
2. Provides the financial statement user with limited, or negative, assurance.	
3. Report states that the engagement involves assessment of accounting principles used and significant estimates made by management.	
4. Consists principally of inquiries and analytical procedures.	
5. Report states that financial statements have been prepared on a basis consistent with that of the preceding year.	
6. The accountant does not express any assurance on the financial statements.	
7. The accountant must obtain an understanding of the entity's internal control and assess control risk.	
8. The accountant prepares financial statements in accordance with accounting principles generally accepted in the United States of America.	
9. Provide reasonable assurance that financial statements are free of material misstatement.	

<Drop down>

Audit
Compilation
Review
All of the above
None

[解説と正解]

それぞれのフレーズや特徴が，**監査**（audit），**レビュー**（review），また（あるいは）**調製**（compilation）に関わるものかについて問う問題。

レビューとは，財務諸表が適用される財務報告のフレームワークに準拠するために重要な修正を行う必要はない，という**限定的保証**（limited assurance）を表明する目的を持ったサービスのことである。

調製とは，経営者が財務情報を財務諸表という形式で表示することを，その財務諸表に対する，いかなる保証を入手，もしくは提供することを引受りることなく，支援する目的を持ったサービスである。

1. 調製業務については，SSARSに準拠し，かつ独立性が損なわれている事実を調製報告書上で開示する場合は，調製報告書を発行することは可能である。

   正解：Compilation

2. レビューではその範囲が監査よりも非常に狭いので，会計士は財務諸表に対して**限定的保証**（limited assurance）または**消極的保証**（negative assurance）のみを与える。

   正解：Review

3. 監査報告書の「**監査人の責任**（auditor's responsibility）」区

分には，監査は財務諸表全体の表示を検討することに加え，経営陣によって適用された会計原則及び会計上の重要な見積りの評価も含んでいる，という記述が含まれる。

正解：Audit

4．レビュー報告書では，レビューは主として会社の職員に対する**質問**（inquiries）及び財務データに適用される**分析的手続**（analytical procedures）からなる，という記述をする。

正解：Review

5．どの報告書にも**継続性**（consistency）についての記述はない。

正解：None

6．調製業務において監査人は，財務諸表に対してどのような形式の保証も与えない。

正解：Compilation

7．監査人は統制リスクを評価するために，企業の**内部統制**（internal control）についての理解を得なければならない。これにより監査人は**実証性テスト**（substantive tests）の内容，時期，範囲を適宜に決定する。レビューや調製では統制リスクの評価は必要ない。

正解：Audit

8．調製業務において監査人は，経営者が財務諸表を作成することを支援する。

正解：Compilation

9．監査報告書の「**監査人の責任**（auditor's responsibility）」区分には，監査人は財務諸表に重大な虚偽の表示がないことに対し，合理的保証を得るために監査を行う旨の記述が含まれる。

正解：Audit

◆科目4　ビジネス環境及び諸概念（BEC）

> MC問題

> ### 1　損益分岐点売上高
>
> The following information pertains to Torre Co.：
> | | |
> |---|---|
> | Sales | $160,000 |
> | Variable costs | 32,000 |
> | Fixed costs | 8,000 |
>
> What is Torre's break-even point in sales dollars?
> 　a．$160,000
> 　b．$32,000
> 　c．$10,000
> 　d．$8,000

[解説と正解]

売上高（sales），変動費（variable costs），固定費（fixed costs）から，損益分岐点売上高（break-even point）を問う問題。

損益分岐点売上高計算するには，まず貢献利益率（貢献利益（売上高－変動費）の売上高に対する比率）を計算しなければならない。貢献利益率は下記のとおり。

（$160,000－$32,000）÷$160,000＝80％

損益分岐点売上高は固定費を貢献利益率で割って求める。

よって，$8,000÷80％＝$10,000となる。

正解：c

2　バランスト・スコアカード

Which of the following is not one of the four perspectives of the balanced scorecard approach to strategic management?

 a．business process perspective.

 b．learning and growth perspective.

 c．customer perspective.

 d．human resources perspective.

［解説と正解］

　バランスト・スコアカード（balanced scorecard）の4つの評価視点に当たらないものを問う問題。

　バランスト・スコアカードは，次の4つの視点から企業を評価する。

① 財務の視点（financial perspective）

② 顧客の視点（customer perspective）

③ 内部業務プロセスの視点（internal business process perspective）

④ 学習し成長し続ける組織の視点（learning and growth perspective）

　これに該当しないのは，dのhuman resources perspective。

正解：d

3 資本コスト

Robinson Corporation has a combined federal and state tax rate of 25% and has the following capital structure:

Weight	Instrument	Cost of capital
10%	Preferred stock	20%
40%	Bonds	10%
50%	Common stock	10%

What is the weighted-average after-tax cost of capital for this company?

 a．7.5% b．8.25% c．10% d．11%

[解説と正解]

WACC（**加重平均資本コスト**）を求める問題。負債のコストについては，金利は損金として所得から控除できることから，企業側が負担する負債のコスト（本問ではBonds）は（利子率×実効税率）だけ節税効果があることに注意する。本問では，社債，普通株式，優先株式の比率が提示されているので，加重平均の分数式を使用するまでもなく，単に比率と資本コストを掛け合わせて合計すればよい。

Preferred stock：$0.1 \times 0.2 = 0.02$
Bonds：$0.4 \times \{0.1 \times (1 - 0.25)\} = 0.03$
Common stock：$0.5 \times 0.1 = 0.05$
$0.02 + 0.03 + 0.05 = 0.1$

正解：c

4 マクロ経済学（景気循環）

Which of the following can be considered a leading indicator of a future increase in GDP (gross domestic product) ?

　　a．A decrease in the number of building permits for homes.
　　b．A reduction in the money supply.
　　c．An increase in the average hours worked per week of production workers.
　　d．An increase in the timeliness of delivery by vendors.

［解説と正解］

　選択肢のうち，どれが将来のGDPの増大をもたらす**先行指標**（leading indicator）かを問う問題。

　景気指標のうち，先行指標には以下のようなものが含まれる。

　①製造業従事者の**平均労働時間**（average workweek for production workers），②**株価**（stock price），③**失業保険初回申請者数**（average weekly initial unemployment insurance claims），④**資本財新規受注**（new orders for nondefense capital goods），⑤**住宅建築許可件数**（building permits for homes），⑥**マネーサプライ**（M2），⑦**米国債とFFレート金利差**（interest rate spread between 10-year TB and FF rate）。

　製造業労働者の週当たり平均労働時間の増加（increase）は，経済の成長にとって望ましい指標となる。

正解：c

5 IT職務の分離

In a computerized environment, the internal control mechanism of having multiple personnel involved in authorizing, designing, modifying and implementing a system is called:

   a. user control.
   b. segregation of duties.
   c. processing control.
   d. an audit trail.

［解説と正解］

情報システム環境（computerized environment）において，承認（authorizing），設計（designing），修正（modifying），システムの実行（implementing a system）などの仕事を複数の人間に分離して行うことが何と呼ばれるかを問う問題。

これは，**職務の分離**（segregation of duties）と呼ばれる。したがって正解はb。

使用者統制（user control）や**処理統制**（processing control）は情報処理統制の機能であるため，a，cは誤り。また，**監査証跡**（audit trail）は取引やデータの裏づけ証拠のことであるためdも誤り。

正解：b

6 コーポレート・ガバナンス

Which of the following explanations is most appropriate in explaining the importance of effective corporate governance?

   a. A corporation's goal is profit maximization.
   b. Ownership of a corporation is separated from management.
   c. Management may be overpaid.
   d. Oversight by the Boards of Directors is usually insufficient.

［解説と正解］

コーポレート・ガバナンスの重要性を，もっとも端的に説明しているものを選ぶ問題。

経営と所有の分離は，**エージェンシー問題**（agency problem）を生み出す。エージェンシー問題を解決し，株主の利益の保護を図る上で，コーポレート・ガバナンスの概念と仕組みが必要となる。したがって，答えはb。

利益極大化は経営者の適切な目標の1つであり，aは正解としては不適切である。コーポレート・ガバナンスには過度な経営者報酬を防止する狙いはあるが，それだけが重要な理由ではないのでcは誤り。取締役会による監督はコーポレート・ガバナンスの一部でありdは誤り。

正解：b

Written Communication問題

7　国際取引における戦略

BB Co. is a manufacturer of general-purpose consumer goods. You are a consultant for BB, and have been asked by a director of the company about the strategies BB should adopt in international trade. Specifically, the director wants to know the differences between a "multi-national strategy" and a "global strategy", and which is appropriate for BB to adopt.
Write a memorandum to explain this to the director.

REMINDER : Your response will be graded for both technical content and writing skills. Technical content will be evaluated for information that is helpful to the intended reader and clearly relevant to the issue. Writing skills will be evaluated for development, organization, and the appropriate expression of ideas in professional correspondence. use a standard business memo or letter format with a clear beginning, middle, and end. Do not convey information in the form of a table, bullet point list, or other abbreviated presentation.

To : Director, BB Co.
Re : Multi-national strategy and global strategy

[解答例と解説]

To：Director, BB Co.
Re：Multi-national strategy and global strategy
This is a memorandum to explain the differences between a "multi-national strategy"and a "global strategy", and which is appropriate for BB to adopt. A multi-national strategy is a strategy of adapting products in each national market to suit local preferences. On the other hand, a global strategy is a strategy of offering the same products in all national markets. Because BB Co. is a manufacturer of general-purpose consumer goods, it would not be affected by tastes of the customers' specific to each nation. Therefore, BB should basically adopt a global strategy. If you have any questions, please feel free to contact me. Sincerely,

　汎用消費財の製造業者が国際貿易で取るべき戦略について，取締役に宛てたメモを作成する問題。

　マルチナショナル戦略とは，各国のそれぞれのマーケットにおける嗜好に合致するように製品を採用する戦略をいう。グローバル戦略とは，全てのマーケットにおいて同一の製品を提供する戦略をいう。

　汎用消費財の製造業者は各国独自の顧客の嗜好に影響を受けないため，基本的にグローバル戦略を採用すべきである。

8　電子商取引

ZAP is a leading convenience store chain in the United States. You are auditing ZAPs financial statements, and have been asked by a newly recruited auditing partner, about how such retail stores utilize electronic commerce technologies. Write a memorandum to the auditing partner explaining the general functions of Point-of-Sales systems and how ZAP benefits from the technology.

REMINDER : Your response will be graded for both technical content and writing skills. Technical content will be evaluated for information that is helpful to the intended reader and clearly relevant to the issue. Writing skills will be evaluated for development, organization, and the appropriate expression of ideas in professional correspondence. use a standard business memo or letter format with a clear beginning, middle, and end. Do not convey information in the form of a table, bullet point list, or other abbreviated presentation.

To：Auditing partner
Re：Point-of-Sales systems

[解答例と解説]

To：Auditing partner
Re：Point-of-Sales systems

This memorandum is to explain the general functions of Point-of-Sales systems and how ZAP benefits from such technology.
Point-of-Sales, or POS system allows a cash register clerk to check the bar codes and send information regarding the merchandise to the central computer of its headquarters.
The data accumulated can then be used for various analyses regarding the merchandise. Generally, the machines designed for this POS system allows the cash register clerk to also enter related information such as age spans and gender of each customer.
Companies like ZAP benefit by accumulating such data and analyzing them for thorough merchandise control and awareness of specific customer demands.
If you should have any questions, please feel free to contact me.
Sincerely,

　POSシステムの一般的な機能と，小売店がいかにしてその技術から便益を受けるかについて，同僚にメモを作成する問題。

　POSシステムはレジ係の店員にバーコードをチェックさせ，会社本部の中央コンピューターに商品に関する情報を送るようになっている。そうして蓄積されたデータは，その商品に関する様々な分析に利用することが出来る。一般的には，こうしたPOSシステム用に設計された機械は，各顧客に関する年齢層や性別といった関連情報もレジ係が入力できるようになっている。

　小売店は，そうしたデータを蓄積して，徹底した商品管理と詳細な顧客需要の把握を行うべくそのデータを分析することで，便益を得ることができる。

> **column** 合格体験記＆資格の活かし方

◎働きながらCPAを取得してステップアップしたＳさんからのアドバイス

　勉強の仕方は人それぞれだと思いますが，私は以下の勉強法をお勧めします。

① 出願州を決め，合格までの受験マスタープラン・スケジュールを立てます。
② マスタープランにそって，早く「出願できる状態」にすることが重要です。出願に必要な授業・学習をひととおり終わらせ，同時に科目ごとにMCを１周します。この時点では，MCを解く場所はどこでもかまいません。私は電車の中や会社の昼休みなども利用しました。とにかく，まず１周まわすことがポイントです。
③ 出願完了。
④ 残りの授業・学習・MCを１周終えます。
⑤ 受験マスタープランにそって，実際の試験勉強を開始。受験科目のMC 90％正答率を目標に時間制限を設け，理解するまで何回でも解くことです。並行してシミュレーション対策も実施しました。間違ったMC問題は，必ず理解することが重要です。とにかくこの時期は「徹底集中」をお勧めします。最優先事項として集中して学習できる環境・時間を確保し，「この受験科目は１回で合格する」という強い信念を持つことが肝要です。時間が許す範囲で軽い運動・整体など，自分なりのリフレッシュ法を日常的に取り入れることもお勧めします。体調管理は，常に受験の鉄則です。
⑥ 最新バージョンの模試を受けるのは，実際の試験の１カ月くらい前がお勧めです。時間配分にそって各テストレットを進めていきます。
⑦ 受験本番では，見たことがない問題もでてきます。パニックを起こさず，試験を終えるまで絶対に諦めないでください。

第5章

USCPAを活かして自分の価値を高めよう
~USCPA取得者の実際~

USCPA試験合格後に広がる5つの方向性

▌USCPA受験者の多くは30歳前後の会社員

CPA試験合格を目指す方の動機は様々です。

受験者のうち最も多いのは20歳代後半から30歳代前半です。会社に勤めている方々が多いのも特徴です。ある程度会社の仕事に慣れ、自分が能力を発揮できる専門分野の必要性を感じるようになった。そんな方々が、受験者層の中心です。

CPA試験合格後は、次ページの下図のように5つの方向で資格を活かすことができます。

会計の実務経験のない人は、CPA試験合格をきっかけに会計の専門家を目指す道もあります。その場合、まず会計事務所で2～3年の会計実務を経験してから、民間企業への転職を考えることもできます。会計部門はどんな業種の会社にもあるのですから、選択の幅はかなり広がってきます。

一方、転職を念頭に置かないCPAの活かし方もあります。あるSE（システムエンジニア）の方は、会計士になったり経理の仕事をしたりするつもりは全くないと言います。IFRSが広まれば、新たな会計関連のソフトが大量に導入されてくると思われます。そのとき、英文会計の専門知識がなければソフトのサポートが困難になるので、CPA有資格者のSEなら付加価値が非常に高まるだろうと考えているそうです。

■ USCPA受験者のUSCPA試験合格を目指す動機

動機の種類	期待する面
・自分のキャリアアップ	入社後，5～6年の人が多い。自分の仕事の幅を広げる目的，社内での評価も有利になる
・外資系企業への転職希望	能力次第で高給が望める点が魅力
・脱サラ・独立の武器	自分の実力を頼りに生きていくことを志向
・転職の武器	国内企業，外資系企業を問わず，会計部門のない会社はないので，つぶしのきく資格
・就職の武器	新卒，第二新卒などで，他者との差別化に有利
・リストラへの保険	いつリストラにあうかわからないので，いざというときの武器になる
・女性の就職の武器	女性は男性以上に資格があると有利。英文会計ができる女性は重宝がられる
・海外の企業への就職	海外で活躍したい（日系企業または現地企業）

■ USCPA試験合格後の5つの方向

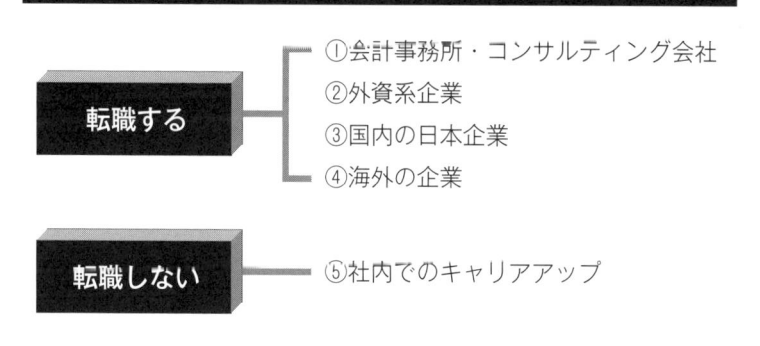

転職する
- ①会計事務所・コンサルティング会社
- ②外資系企業
- ③国内の日本企業
- ④海外の企業

転職しない
- ⑤社内でのキャリアアップ

転職でUSCPAを活かす

転職で有利に働く第二の武器としてのUSCPA

実際にCPA試験合格者の転職実績はどんなものなのでしょうか。次ページに示したデータは、アビタス受講生の転職先です。CPA試験合格者全体のものではありませんが、CPA合格者の活躍の場が多岐に渡っていることがおわかりいただけると思います。

会計の関連部門が多いのは当然ですが、中には直接会計と関係のない部署に入った人もいます。また未経験でも外資系コンサルティング会社や日系メーカーに転職された方もいます。もう1つ注目したいのは、CPAを第二の武器として転職に成功している方が多いことです。これまでの知識や経験、例えば、営業、マーケティングやシステム部門の経験といった、第一の武器を何か持っており、そのうえで採用先にCPAをアピールしています。2つのスキルを持つことが、これからの人材として大きな強みを持つことになりそうです。

CPAというと、欧米圏での活躍をイメージする方も少なくありません。もちろん、海外就職を希望し、米国の会計事務所に入る方もいます。しかし、最近では香港、シンガポール、タイなど、アジア各地への就職するケースがあります。

現状では日本国外で就職する人はごく一部ですが、アジアで、着実に増加傾向が見られます。会計知識がIFRSへと統一化される流れの中、会計分野は、日本人が世界で活躍するために打って出やすい分野です。職場も世界から選ぶ時代に向かっています。

■ USCPA試験合格者の転職先はこんなところ

年齢	性別	転職先	前職
26歳	女	日系大手自動車メーカー／内部監査	法律事務所／アシスタント
27歳	女	大手税理士法人／国際税務	日系大手メーカー／海外営業
29歳	女	大手税理士法人／国際税務	日系企業／経理
30歳	女	中堅監査法人／監査	法律事務所／アシスタント
30歳	女	大手監査法人／監査	商社系物流会社／貿易事務
31歳	女	外資系大手証券会社／アナリスト	日系金融機関／法人営業
31歳	女	中堅監査法人／監査	外資系IT企業／バックオフィス
34歳	女	外資系コンサルティング会社／コンサルタント	日系システム会社／SE
36歳	女	海外会計事務所／会計税務	日系金融機関／法人営業
38歳	女	外資系医薬品メーカー／経理	日系非上場企業／経理
25歳	男	外資系コンサルティング会社／コンサルタント	未就業
27歳	男	日系大手自動車メーカー／経理	日系金融機関／リテール営業
29歳	男	日系大手自動車メーカー／内部監査	未就業
30歳	男	外資系IT企業／営業	外資系IT企業／マーケティング
31歳	男	日系大手自動車メーカー／内部監査	学校法人／教材開発
32歳	男	外資系IT企業／経理	日系企業／経理
33歳	男	Big 4海外会計事務所／会計税務	専門商社／営業
34歳	男	日系大手通信機メーカー／経理	日系企業／経理
36歳	男	日系大手電気メーカー／経理	日系メーカー／経理
40歳	男	日系アパレルメーカー事業部事業部長	日系メーカー／営業

≪転職先または現職≫

①監査法人・税理士法人（国内）
②コンサルティング会社
③海外会計事務所
④日系上場企業
⑤外資系企業
⑥金融機関

（注） いずれもアビタス受講生によるデータ

3 CPA CERTIFIED PUBLIC ACCOUNTANT

日本企業でUSCPAを活かす

▌ 資金調達のグローバル化がUSCPAの需要を押し上げる

海外の株式市場から資金調達するためには，今後はIFRSによる連結決算情報を開示しなければならない方向性にあります。このため，日本企業でも英語で会計を理解できる専門家の確保が求められています。また，実際の上場や株式公開作業を進める上でも，CPA有資格者のスタッフが必要となってきています。上場基準として英文会計の専門スタッフの確保が要求されます。もちろん，上場や株式公開後の会計実務を行うためにも，IFRSにのっとった連結決算ができる人材が不可欠です。米国市場に上場している会社や米国に子会社を持っている会社はもとより，こうした資金調達のグローバル化が，日本企業のCPA需要を押し上げています。

---

column 合格体験記＆資格の活かし方

◎大手金融機関に勤務しながら合格したSさんからのアドバイス

一通り基礎を学習した後は，ひたすら練習問題を繰り返すのみ！具体的には①選択，②シート作成，③エッセイ，④関連法規のピックアップ。①は一通り問題集を終えた後は，通勤時間・休憩時間等こまめに短い時間を作ってコツコツ問題を解く。特に苦手の問題は繰返し解答することで問題パターンが自然とインプットされました。②も問題をできるだけ多く解いてパターンを習得。③は，とにかく"書くこと"。④は自宅PCで勘を掴むようにしました。

■ 日本企業でのUSCPAニーズ

外部要因

国際会計基準（IFRS）制定
➡2005年より欧州での
　強制適用スタート

日本の会計制度改革
・2010年3月期よりIFRS
　の任意適用

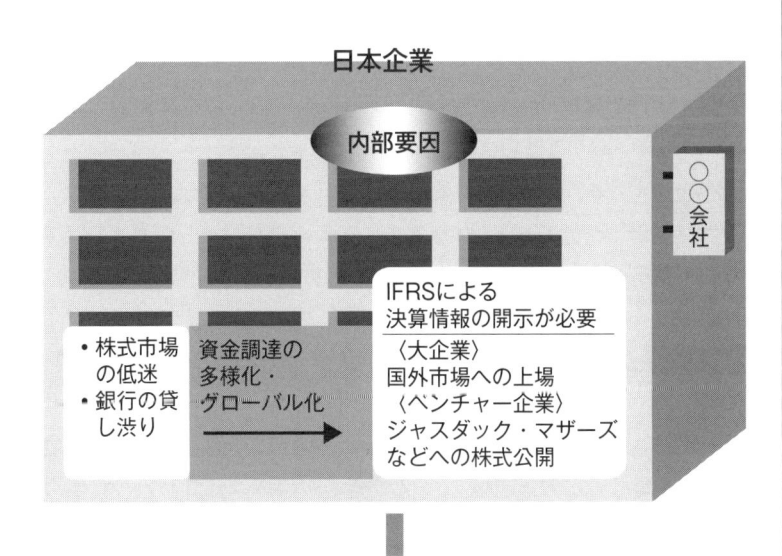

日本企業

内部要因

・株式市場の低迷
・銀行の貸し渋り

資金調達の多様化・グローバル化
→

IFRSによる
決算情報の開示が必要
〈大企業〉
国外市場への上場
〈ベンチャー企業〉
ジャスダック・マザーズ
などへの株式公開

○○会社

対応するためにUSCPAのニーズ増加

第5章 USCPAを活かして自分の価値を高めよう

4 外資系企業でUSCPAを活かす

■ 米国，欧州，アジアの外資系企業で広がる活躍先

CPAの資格を比較的武器にしやすいのが，外資系企業への転職です。現在，日本にある外資系企業5,000社以上のうち約7割は欧米系の企業といわれています。欧米系企業は英文会計知識が必須ですから，CPA資格者は重宝されます。欧米系以外のアジア系でも，米国の会計基準やIFRSを取り入れている会社が多く，CPAの活躍先が広がることは間違いありません。

グローバル化が進む中で外資系企業の日本進出が加速すれば，英語で会計の知識を持つ経理・財務スタッフの新たなニーズが生まれます。そこで米国公認会計士（CPA）が期待されているのです。

■ 米国系企業ではUSCPA資格がスタートラインとして必須

日本にある米国系大手企業で経理部門のマネージャー以上になるには，CPAの資格が必須です。もちろん，実際に評価されるのは実務経験と実績ですから，CPAの資格で全てが保証されるわけではありません。しかし，CPA資格がなければスタートラインに立てません。外資系企業の資金調達では株式市場などから直接資金調達をする割合が多くなっています。株主に対して開示される財務諸表の健全性が問われるので，社内でも直接金融を重視し，経理・財務部門は重要な部門となっています。

> **column** 合格体験記＆資格の活かし方

◎CPAの取得からビジネスパーソンとしてのステップアップが始まったSさんの場合

「たまたま経理系（総勘定元帳）導入プロジェクトリーダーとしてアサインされ、経理・財務の世界にはじめて携わるきっかけとなった」というSさんは、大手金融機関にお勤めです。Sさんは、米国会計基準と日本基準に対応するように総勘定元帳の仕様・勘定コード体系・要件定義をまとめ、同時に業務改善機会なども分析し、最高財務責任者へ報告し、導入支援を担当していました。この経理プロジェクトはSさんにとって「いまでも印象深く、大変な仕事であり、なおやりがいを感じた仕事でもあった」と言います。Sさんは、既に米国のMBAを取得していたため、ある程度の米国会計基準の基礎知識はありましたが、この経験を通じて、体系的に米国会計基準を学び、将来、経理分野で幅広くキャリアを積めるように意識し始めました。その後も数年間、他企業の経理・財務部門で総勘定元帳導入（USGAAP, JGAAP）や固定資産・売掛金補助元帳導入プロジェクトに携わり、プロジェクト等が一段落した頃、本格的にCPAを目指し学習を始めました。

現在、日系金融機関のファイナンス分野でコスト・費用分析などの仕事をしているSさんは、「IFRS関連の最新の動向を理解できるようになり、企業における経理・財務分野の付加価値の理解も深めることができた」と、CPA取得の成果を振り返ります。将来は、「経理・財務分野での自分の専門領域を広げたい」とのこと。CPA取得は、Sさんのキャリア形成に大きな役割を果たしたようです。

「経済・経営がますますグローバル化する現在、特に日系グローバル企業でのファイナンス・経営企画・アドバイザリー分野のキャリアを考えている人にとっては重要な資格だと思います。努力した分だけ必ず結果がでる試験ですので、根気よく取り組めば結果はついてきます」と、SさんはCPAを目指す人へ熱いメッセージを送ってくれました。

5 海外企業でUSCPAを活かす

本場米国で会計士として活躍するには

米国で公認会計士として開業等をするには,営業許可証(License)が必要となります。Licenseの取得には,実務を何年か経験しなければなりません。

資格取得後は,米国の会計事務所に転職する人が増えています。こうした人たちの多くは日系企業を専門に対象とする部門で活躍しています。このような部門ではクライアントも日本人なので,日本人でCPAホルダーであることが大きなメリットとなります。

本場米国で会計士として活躍したい人は,そのための一歩がCPA資格へのチャレンジだと言ってもよいでしょう。

実績に応じて昇進のスピードは速いのが魅力

米国は実力主義の国だけあって,会計事務所で会計士として働く場合,日本よりも昇進のスピードが速いのが特徴です。ビッグ4の1つを例にとれば,次ページ上に示したステップとなります。

米国の会計事務所では,最高職のPartnerまで昇進できるのはCPA有資格者100人のうち数人程度です。そのため,Managerクラスまで昇進後,一般企業に転職して活躍する例も多く見られます。アメリカの日系企業で現地採用されたCPA有資格者の待遇は次ページ下の図表とおりです。

■ アメリカのUSCPA有資格者の待遇

昇進までの期間	地位・役職	給与	一般企業に転職する場合に就く役職
2～3年	Staff Accountant	3万～5万ドル	
2～4年	Senior Accountant	5万～6万ドル	Controller, Internal Auditor
2～4年	Manager	6万～8万ドル	Controller, CFO
──	Senior Manager	8万～15万ドル	
──	Partner		

（注）給与の金額はビッグ4のうちの1社の例

■ アメリカの日系企業のUSCPA有資格者現地採用の待遇

地位・役職	給与
Accounting Clerk	2万～4万ドル
Manager	4万5,000～7万ドル
Controller	7万～9万ドル
Internal Auditor	5万5,000～7万5,000ドル
CFO	10万～16万ドル

6 会計事務所・コンサルティング会社でUSCPAを活かす

会計の専門家として将来性は十分

スペシャリストとしてCPAをそのまま活かせる仕事としては、まず会計事務所（監査法人）があります。海外の大手会計事務所の日本事務所や日本の大手監査法人が別会社としているコンサルティング会社などが狙い目です。それに加えてクライアントの海外展開に伴い海外ファームとの提携を行う中堅の監査法人でもニーズが高まっています。また、IFRS導入の動きを機に、従来日本の会計基準をベースとしていた日本の会計事務所でも、CPAの評価が高まってきています。海外では通常、会計事務所がコンサルティングも手がけます。日本の企業が海外に進出するときは、米国のビッグ4と呼ばれる大手会計事務所のどれかと提携して会計や税務のコンサルティングを受けるケースが多く見られます。ビッグ4は、日本に現地事務所を設立するか、日本の大手監査法人と提携して、日本国内で国際的な会計・税務に関するコンサルティングを行っています。こうした業務の場では、IFRS及び英文会計の知識は必須です。

国内の各企業でコンサルティング需要が急伸

いま、国内の各企業では、海外を含めたグループ経営管理強化のために、ERP等と呼ばれる会計システムを高度化するニーズが急増しています。外国の会計ソフトを採用する動きが広がっており、これらを導入・運用するコンサルティングの仕事には、いままで他業界で積んできた経験とCPA資格が相乗的に役立つはずです。

■ 会計事務所，コンサルティング会社でのUSCPAニーズ

アメリカを中心とした世界4大会計事務所（ビッグ4）

KPMG
プライスウォーターハウス・クーパース（PwC）

デロイト・トウシュ
アーンスト・アンド・ヤング（EY）

↓ 進出・提携

日本のメンバーファーム
（提携事務所，日本事務所）
あずさ監査法人（KPMG）
新日本監査法人（EY）
監査法人トーマツ（Deloitte）
PwCあらた監査法人（PwC）
※略称

- 系列コンサルティングファーム
- 系列税理士法人
- 系列会計処理事務所

↓ サービス提携　　↓ サービス提携

日本企業

《日本企業の会計ニーズ》
- 国際会計基準への対応
- 米国株式市場での上場
- 米国基準での連結決算
- 国際的な節税対策
- M&A
- 米国会計システムの導入・運用

外資系企業

《外資系企業の会計ニーズ》
- 米国基準による会計処理
- 駐日アメリカ人社員の税申告
- 米国基準による会計監査
- 米国本社仕様の会計システムの導入・運用

第5章　USCPAを活かして自分の価値を高めよう

column Message

◎受験のための負担が大幅に軽減されたいまが,CPA取得のチャンスです

　IFRSに関する議論が世界的に高まるなかで,会計士業務のグローバル化が急速に進展しています。そのなかで世界的な認知度が高く,また,資格のクオリティの確かさで定評のあるCPAは,国際ビジネスで通用するパスポートとして取得することのメリットが大きい資格といえるでしょう。CPA試験の出題範囲にIFRSが含まれているこもあり,IFRSへ向かう世界の動きにも対応しています。

　CPA試験の特徴は,出題内容が「広く浅く」で偏りがなく,合格水準が安定していることにあります。そのため,受験のタイミング等に左右されることなく,学習した分だけ合格に近づくという点で,努力が正当に報われる試験といえるでしょう。また,科目ごとの受験日時を各自が設定できるため,現在の仕事や学業との兼ね合いや,英語のスキルに応じて自己のペースで学んでいくことができます。もっとも,ここで学ぶ英語はグローバルビジネスや会計の分野で頻繁に使用されており,現在のように会計士の業務がグローバル化するなかでは,必要不可欠となるに違いありません。

　日本での受験が可能となり,受験のための時間とコストの負担が大幅に軽減されたいま,CPAの取得を目指されてはいかがでしょうか。

山田　善隆氏
京都監査法人　公認会計士（日本・米国）

第6章

USCPA試験に一発合格するための最適勉強法

試験は英語でも内容は日本語で理解しよう

▐▐▐ インプットは日本語で，アウトプットは英語で

　CPAは**米国の資格**であり，当然，問題文から解答まで，英語で行われます。それならば，テキストも問題集も原書を使って，英語環境で勉強すべきと思われる方もいるかもしれません。しかし，学習効率（efficiency）を考えれば，我々日本人は日本語で内容を理解したほうが効率的です。

　試験である限り合格することが最大の目標です。したがって，限られた時間で合格という結果を出すには，インプットはテキストも問題集も全て日本語で行ったほうが，効率性がはるかに高いのです。これは，例えばTOEICスコア900点以上の高い英語力を持つ方も例外ではありません。少なくとも抽象的概念を考えるときの言語が日本語である方，全員に当てはまります。

　これは，著者自身がCPA受験のときに原書のテキストと問題集で学習を進める中で，体験した不都合や要望をベースに出てきた考え方です。日本語で，過去の試験問題を分析して，論点を抽出し，体系立てて学習していくのがベストです。

　インプットは日本語で行い，アウトプットは英語で行う。それが，CPA合格への最短コースであると私は自分自身の体験から確信しています。

▍合否は英語力ではなく英文会計の基本的理解で決まる

　日本語で英文会計の基本をしっかりインプットして、キーワードとなる英語を理解しておけば、問題文が英語であっても、キーワードから読み解いて、どのような問題か理解することは難しくありません。つまり、英文によるアウトプットが十分に可能になる、というわけです。

　もちろん、問題文の中に知らない単語が出てくることもあるでしょう。例えば、減価償却の計算問題の中に、知らない機械を指す単語が出てきたとしても、「減価償却（depreciation）」というキーワードさえ知っていれば十分解答できます。

　また、問題文の文型にはある程度パターンがあります。このため問題演習を数多くこなすことによって、読解に要する時間が非常に短縮できます。CPA試験に必要な英語力は、問題演習という実践を通じて着実に培われていきます。

　第4章で見てきたように、解答形式の8割程度は選択問題や数値の穴埋め問題ですから、精緻な読解までは不要です。BECでは記述式問題も出題されますが、キーワードを含めた意味の通じる文章であれば、得点が付与されます。しかも、スペルチェック機能があるため、細かいスペルまで暗記しておく必要はありません。

　CPAの学習では、英語力よりも英文会計の基本知識を身につけることが最大の目標であり、合否のポイントでもあるのです。

経理英語に関してハンデは小さい

とはいえ,英語での受験となると英語が不得手な人は,「英語力がハンデになるのでは」と考えてしまうかもしれません。

しかし,その心配には及びません。CPA試験でキーワードとなるのは,あくまでも会計の専門英語としての経理英語です。ネイティブスピーカーであっても,学習する前から経理英語を詳しく知っているわけではありません。日本人が日本の簿記を学習する場合,簿記の用語や仕組みを1つ1つ覚えていかなければなりません。ネイティブにとっての英文会計も同じことです。

経理英語に限れば,日本人であるというハンデをそれほど感じる必要はありません。スタートラインはそう変わらないのですから,むしろ学習を開始してからの頑張りのほうが重要です。

英語でのコミュニケーション力は合格後に磨く

外資系企業や海外において,CPAをスキルとして十分に活かそうとすれば,やはり英語でのコミュニケーション力は必要です。

CPA合格者であれば,会計に関する語彙力は,既に一定のレベルに達しているでしょう。しかし,CPAの学習を通じて培った知識も,コミュニケーションによって相手に伝えることができなければ,評価を得ることはできません。

この点,英語でのコミュニケーション力については,"合格"といった明確なゴールはありません。一生を通じて磨いていくものといっても大げさではないでしょう。英語でのコミュニケーション力は,合格後にじっくりと高めていけばよいのです。

■ USCPA試験に高度な長文読解力は不要

New York City, which is the largest city in the US, is called the Big Apple.

⬇

このような基本的な構文が理解できればよい

⬇

基本的な構文の単語の部分を会計の専門用語で置き換えていけば自然に読解できる
Wood City, which is legally obligated to maintain a debt service fund, issued $10 million of 6 percent, twenty-year term bonds.

⬇

以下のような難解な長文読解の設問は出題されない
（CPA試験は，あくまでも会計の理解をみる試験）
- それとは何を指すか
- ここで作者が言いたいことは何か
- この文を同じ意味で置き換えよ
- 省かれている関係詞は何か

2 CPA CERTIFIED PUBLIC ACCOUNTANT

1日1時間半1年間勉強すれば合格できる

合格までの学習時間は1,000時間～

CPAは比較的合格しやすい試験であるといっても，実際の目安として，合格にはどのくらいの学習時間が必要なのでしょうか。

もちろん，必要な学習内容には個人差がありますので，時間さえこなせば合格が保証されるわけではありません。しかし，おおよその目安として，私の経験上，CPA合格に必要とされる平均的な学習時間は，だいたい1,000時間です。

これは，日本の中小企業診断士試験と同じくらいの学習時間です。日本の公認会計士試験の学習時間の目安は，3,000～3,500時間といわれていますから，要する学習時間には大きな開きがあります。

標準的な学習期間はおよそ1年間

ところで，700時間とか1,000時間というのは，実際の生活感覚としてはどのようなイメージになるでしょうか。

仕事と並行しながら学習するとすれば，平日は1.5時間の確保で十分と考えるべきです。

もちろん，3時間とか4時間の学習も不可能ではありませんが，コンスタントに続けられなければ，意味がありません。残業や出張，付き合いや接待など思うようにならない事態が生じ，結局，平均すれば1.5時間くらいしかできないものです。

■ USCPA試験合格のための標準的な学習計画

◆ 合格に必要な学習時間は，平均700〜1,000時間

◆ 1週間約20時間の学習体制が基本

平日（月曜日〜金曜日）1.5時間×5日＝7.5時間
土曜日・日曜日　　　　6時間×2日＝12時間
　計　　　　　　　　　　≒20時間（19.5時間）

◆ 1年間の学習期間が標準
毎週20時間×1年（50週）＝1,000時間

---

column　合格体験記＆資格の活かし方

◎CPAで培った知識を弁護士の仕事に活かすIさんからのアドバイス

　CPA取得には，ある程度長丁場の準備を覚悟しなければなりません。出願州にもよりますが，所定の単位を取得して評価機関で評価してもらうには時間がかかります。試験の範囲も広大で学習内容はボリュームがあります。気晴らしも交えつつペース配分を考えて，勉強に向けたテンションを下げない工夫ができるとよいのではないでしょうか。また，試験範囲が広いので，自分の苦手分野を把握して減らしていくことがポイントになると思います。通信教育の場合，講義を聴くだけの受け身の勉強スタイルになりがちですが，これだけでは自分の苦手分野の把握は難しい。MCカードを解く，模試を受けるなど意識的にアウトプットを行って，結果を学習にフィードバックするのが必要だと思います。

平日は、たとえ10分でも20分でも、学習を毎日継続することを意識してください。

仮に平日1日1.5時間学習できたとすれば、月曜日から金曜日までの5日間で7.5時間の学習時間が確保できます。これに、土曜日と日曜日で6時間ずつ計12時間学習すれば、1週間に約20時間（19.5時間）の学習時間となります。

1年間（50週とする）では、「20時間×50週＝1,000時間」という計算になります。コンスタントに学習を続ければ、1,000時間は1年間で十分達成可能なペースです。

CPA試験の標準的な学習期間は、仕事と並行しながらであっても、およそ1年間に収まると考えておけばよいでしょう。

会社を辞めるなどして、CPAの学習のみに短期集中すれば、半年間で全科目合格することも不可能ではありません。しかし、収入のない状態が長期にわたることは、精神的にも大きな重圧となります。CPA試験は、仕事と並行しながらでも、合格を目指せる試験です。会社を辞めるという選択は、最後の選択肢として慎重に判断されるべきです。

基本目標は、仕事と並行しながらでも、継続的に週20時間をこなせる学習体制を確立することとお考えください。

さて、以上の学習時間は、正しい学習方法に基づくことが前提条件です。間違った学習方法では、いくら時間をかけても、いくら努力しても、それを結果に結び付けることはできません。試験の傾向や科目の特徴に応じた正しい学習方法に基づくことで、初めて合格に到達できるのです。

それでは、具体的な学習方法を、次項以降で説明します。

3 USCPAを学習する上で前提知識は必要ない

日本の簿記の知識や実務経験は不要

　CPAの学習をする上で，経理や財務での実務経験は必要でしょうか。予め簿記の勉強をしておいたほうがよいのでしょうか。

　結論から申しますと，CPAを学習する上で，このような前提となる知識は不要です。

　日本の会計知識もないのに，英文会計はさらに手ごわいのではと懸念されるかもしれませんが，そうした心配は無用です。会計の初学者が，CPA合格を目指す上で，日本の簿記の学習から始めるのはかえって遠回りです。最初から英文会計で会計の仕組みを学んだほうが効率的なのです。

　もちろん，日本の簿記を既に学習した方は，会計の基本を理解しているという点では強みです。後は，日本の会計と英文会計との違いの部分を理解していけば済みます。

　しかし，CPA試験で出される問題のレベルは，あえて比較すれば，日商簿記の2級程度です。実務上の細かい知識までは要求されていないため，簿記の知識の差は大きなものではありません。

　実際，著者が経営する受験専門校では，入会する方の7割以上が会計を初めて学習される方です。そして，これらの方々も，コースの受講を通じて新たに培った知識で，CPAに合格されています。

4 出題形式に応じた科目別勉強法

▍膨大な問題データベースから出題される

CPA試験は，Testing Windowにおいて，平日を中心にほぼ毎日実施されています。

では，試験問題の作成者は，毎日違う問題を用意しなければならないかというと，もちろんそうではありません。

実際の出題オペレーションは，予め膨大な問題のデータベースがコンピューター・サーバー上に用意されており，そこからトピックや難易度が偏らないようにランダムに抽出されています。これにより，年間10万人に迫る受験者が，いつ，どこで，試験を受けても，公正に実力を測定できるシステムになっているのです。

ところで，コンピューター試験で出題される問題は，Pretestという正答率調査を経て選ばれた良問（正答率の極端に低い難問・奇問は実力を判定するのには適さないとして省かれています）を基本に構成されています。

これに，数値や問題設定等を若干変えたVariationsと呼ばれる数通りの類問が加わることになります。

したがって，ある程度パターン化された問題が出題されるため，基本に忠実な学習をしておけば，十分対応が可能です。

なお，データベースを構成する問題は，定期的に入れ替えられており，これによりデータベースは一定の新規性を常に確保しています。

■ コンピューター試験ならではのTBS問題

CPAの試験問題を作成しているAICPA（米国公認会計士協会）は，「コンピューター化されたCPA試験は，細かい専門知識よりも，基本的な概念とそれに基づいた論理的思考を問う問題の出題傾向が高まる」と示唆していました。

すなわち，受験者は，あまり細かい論点に立ち入ることなく基本を押さえる一方で，論理的思考や情報処理能力を問う問題に対応しなければなりません。

これが最も顕著に現れているのが，TBS問題です。ここでTBS問題の出題形式について，もう少し詳しく説明します。

それぞれのTBS問題は，"Directions"（解答作業についての指示が記載されている）と，複数の小問のまとまりでできています。

さらに，TBS問題には大きく分けて，"Objective Question"，"Research"，"Document Review Simulation" という3つの問題形式があります。

1つ目のObjective Questionには，"Drop-down形式""数値入力形式""チェックボックス形式""Forms Completion" 等の解答形式があります。

"Drop-down形式" とは，解答枠をクリックすると，自動的に選択肢がDrop-downで表示され，もう一度クリックすることによって正解を1つ選ぶというものです。MC問題とは異なり，4択とは限りません。2択も8択もあります。

"数値入力形式" とは，解答枠をクリックして，数字を直接入力し，Enterを押して解答を確定させるものです。

そして，"Forms Completion" とは，税務申告書などの定型書類を，穴埋め形式で完成させるものです。

これらはまさにコンピューター試験ならではのものです。CPA試験は，暗記力や計算力に主眼はありません。解答を選択するという行為は，答えを導き出すプロセスを選ぶということです。計算のプロセスさえ正しく理解していれば，正解にたどり着くことができます。

　2つ目のResearchでは，設問で問われていることについて，与えられた会計基準等のデータベースから該当する文書を検索することが求められます。

　例えば，「この取引に適用すべき会計処理を定めた基準を，データベースより検索し，選択しなさい」といった問われ方をします。これもまた，コンピューター試験でなければ実現できない出題方法です。ここでは基準の内容を暗記することではなく，必要な情報を得るための調査能力に重点が置かれています。

　3つめのDRS（Document Review Simulation）では，1つ以上の文書を参照し，与えられた文書中の特定の文章について，①現状のまま残す，②削除する，③いくつかの選択肢から代案を選ぶ，といったアクションが求められます。

　例えば，四半期決算報告書を参考資料として，プレスリリース原稿の内容に誤りがないか確認するような設問です。財務諸表の関連箇所を見つけることができれば，選択肢を絞り込むことはそれほど難しくはありません。

▍▍ 丸暗記では対応は難しい

　CPA試験は，過去問を片っ端から丸暗記すれば対応できる試験ではありません。問題自体は基本的なものが中心ですが，出題範囲は広範です。

　例えば，「REG（法規）」に含まれるビジネス法関連の範囲だけでも，米国の弁護士試験より広いのです。また問題データベースに蓄積された問題量も膨大で，1つの論点に対しても様々なヴァリエーションの問題が用意されています。

　出題形式にも表れているように，CPA試験における学習の基本方針は，各科目の中核となっている重要な論点をしっかり理解するということです。

　もちろん，暗記が全く不要というわけではありません。問題文から解答までそっくり暗記するのではなく，理解した上で，ポイントだけを暗記します。そうすることで，類似問題への応用力も養成されるのです。ポイントを理解していない丸暗記では，少しでも問題に手を加えられるとお手上げとなってしまいます。

　このように，基本的な論点を理解した上で，問題演習やテキストの読み込みを繰り返すのが，正しい学習方法です。

　オーソドックスな方法ですが，この方法が合格への近道であり，合格後も役立つ知識を培うことにつながります。たとえ丸暗記で合格できたとしても，合格後に苦労するだけです。

■ 会計用語のマスターで大きな差がつく

英文会計そのものは非常に奥が深いものです。しかし、CPA試験合格という点に絞って考えれば、会計の基本的な概念が理解できていれば十分です。

さらに、入門段階では、基本的な概念の基礎となる会計用語を押さえておけばよいでしょう。CPA試験で覚えなければならない会計用語の数は、実は200から300程度です。入門段階で1つでも多く押さえてしまえば、その後のCPAの学習において、大きなアドバンテージとなります。

---

column　合格体験記＆資格の活かし方

◎CPA取得からビジネスパーソンとしてのステップアップが始まったHさんからのアドバイス

それぞれの資格についても人気が上がったり下がったりの波があるようですが、CPAについては世界的に確立した権威ある資格ですから流行りすたり関係なく学習する意義があるでしょう。

直接監査業務に携わらなくても、CPA取得がビジネスパーソンとしての大きなステップアップであることは間違いありません！

スクールで提供される学習内容をこなすことはもちろん必須ですが、自分自身の"納得のできる"学習方法を工夫できるかどうかがポイントでしょう。まずは、日常の生活の工夫から始めてみてはいかがでしょうか。

5 CPA CERTIFIED PUBLIC ACCOUNTANT

科目別の学習方法はここがポイント①
FAR (Financial Accounting & Reporting) <財務会計>

■ 基本知識の理解と計算問題の反復練習が重要

FARは企業会計と公会計によって構成されます。

企業会計では英文会計の習熟度が最も問われます。範囲からいうと日商簿記1級～2級レベルですが,設問のレベルからいうと2級程度の素直な問題が大半です。

だからこそ,基本となる知識は,様々な問題パターンに対応できるレベルまで理解しておくことが求められます。計算問題も含まれますので,効率的な解き方が見つけられるように繰り返し練習問題をこなしましょう。反復練習が高得点につながります。

■ 公会計は概念をしっかり理解すれば難しくない

公会計は日本の会計学の経験がある人でも初めて目にする分野だと思います。

公会計には,企業会計とは異なる特殊な会計基準が採用されているため,企業での会計経験はあまり役に立ちません。しかし,概念をしっかり理解すれば,問題自体はそれほど難しくないため,むしろ得点源として期待することができます。逆に概念をしっかり理解しないで問題を解こうとしても,解き方の糸口さえ見つからないということになります。

■ TBS問題は問題演習で実力をつけよう

TBS問題では,財務諸表などに関する総合的な理解を問う問題が出題されます。出題形式は,表中への数字の穴埋めやDrop-downから数値や計算式を選ばせる問題等です。表計算シートを使った計算問題も出題されます。

会計の基本的な知識を身につけた上で,実務的な適用力を付けることが必要です。

---

column　Pretest

◎Pretest問題って何?

問題の中には,"Pretest"という種類の問題があります。Pretest問題は受験者の正解率などを調査するための実験的問題で,採点対象にはなりません。こうした問題が,MC問題,TBS問題,WC問題に一定の割合で含まれます。

Pretestを通じて,正答率が統計的に調査された問題が,将来のCPA本試験において採点対象となる問題として出題されます。こうした仕組みによって,問題のレベルが一定の範囲に保たれ,難易度の公平性が担保されています。

難易度変化と同様に,受験者にはどの問題がPretest問題であるかはわかりませんから,全ての問題に全力で取り組まなければなりません。ただし,難問・奇問はPretest問題である可能性が高い傾向にあります。ですから,こうした問題に時間をかけ過ぎないことは,重要なテクニックの1つです。まずは,できそうな問題をケアレスミスがないように解いていく,難しい問題は後回しにするとよいでしょう。

6 科目別の学習方法はここがポイント②
REG（Regulation）＜法規＞

▌基本的な法律理解が問われるREG

REGでは，法規と法的責任について問われます。ここでも，問われるのは基本的な理解です。弁護士に求められるような難解な法律解釈を問う問題は出題されません。

法律の基本的な目的と規制内容を理解することを意識して学習しましょう。

▌法律用語は抽出して暗記する

ビジネス法が他の科目と異なるところは，法律用語が他の科目以上に専門的な印象を与えることです。

知っている単語であっても，「法律用語としてはこんな意味があったのか」といった思いをする場面が多々あります。法律用語は過去問などから重要と思われるものをピックアップして，ある程度暗記しておかなければなりません。

法律問題の解決は，極めて論理的なプロセスを経ます。したがって，法律用語や論理プロセスを把握できれば，正解にたどりつくことができます。

判例法などにおいては，常識的に推論していけば正解が導き出せる場合も多いはずです。

税法は規定の概要と申告手続きの流れを押さえる

連邦税法においては、個人・法人等の各種税に関する基本的な規定と、その申告手続きに関して出題されます。

各種税に関する基本的な概念についての理解は、問題演習を通じて深めることができます。税務申告は、申告手続きの全体の流れをまず把握しておくと、個々の手続きが理解しやすくなります。

TBS問題には法規の暗記と問題演習で対応する

REGのTBS問題では、確定申告を行うための所得申告書などについての出題が多く予想されます。代表的な申告書のフォーマットは、必ず予め暗記しておきましょう。

---

column 合格体験記&資格の活かし方

◎短期集中して1年で合格したKさんからのアドバイス

とにかくCPAは短期集中して、受験したほうがいいと感じました。

基準、数値、テキストなどが変更になると、より負荷がかかるからです。試験を受けてみての全体的な感想としては、試験はある分野に集中して出題されたりしますが、でも試験対策としては満遍なく勉強したほうがよい、と感じました。

まとめのノートを作成するのは時間も手間もかかりますが、頭を整理していくには、これもよい方法だと思います。実際に手を動かしていっぱい書くと頭に入ります。また、REGにおいては、IRS(米国内国歳入庁)のホームページから実際に申告するフォームをダウンロードして、自分が申告するつもりで記入してみるとよいです。

たくさんの知識をインプットし、しかも私の場合は慣れない土地での、英語での受験。相当な負荷がかかる試験でしたが、努力した分は必ず報われると思います。受験専門校の方のアドバイスなども上手に受けながら、がんばってください。

7 科目別の学習方法はここがポイント③
AUD (Auditing & Attestation) <監査及び証明業務>

全体像をつかむことが監査論攻略の鍵

AUDは，多くの受験生が最もてごわいと感じやすい科目です。監査の実務経験がないと，監査という行為を具体的にイメージすることが難しいためでしょう。また，日本人の得意な計算問題がほとんど出題されず，複数の文章から選択させる問題が多いことも理由として考えられます。

たしかに，プロセスやロジックの理解は実務経験がないと難しい面があるのは事実です。他科目であれば，仕訳や計算の問題演習を通して，論点の理解を確認し，深めてゆくことができます。計算結果が合わなければ，解法プロセスのどこかに誤りがあることが明白となり，重点的に復習することが可能です。

ところが，監査論では計算問題がほとんど出題されないため，問題演習を数回繰り返すことで何となくできた気になり，実力を過信してしまいがちです。

監査論攻略の鍵は，まず，監査が一連のプロセスだということを意識することが大切です。個々のプロセスや論点を理解することも重要ですが，監査プロセス全体を俯瞰し，個々のプロセスが果たす役割やそれぞれの手続きの関連性を意識して学習に取り組みましょう。

そして，監査基準をいたずらに暗記するのではなく，それらの基準が作成された背景や適用される状況などを具体的にイメージしながら学習を進め，論点の本質を深く理解してゆくことが何よりも大切です。

8

科目別の学習方法はここがポイント④
BEC (Business Environment & Concepts) 〈ビジネス環境及び諸概念〉

▓ BECの出題範囲は多岐にわたる

BECでは，経済学，ファイナンス，コーポレート・ガバナンス，ITなど，出題分野が多岐にわたります。

各分野についての深い知識までは要求されていませんが，相応の対策が必要となります。あまり深入りせず，試験対策と割り切り，出題が予想される問題のレベルを見極めて学習を進めることが最善です。

ただし，これを独学で行うのはかなり荷が重いと言わざるを得ません。受験予備校ではこのあたりの事情をよく踏まえた教材開発をしていますので，受験専門校の教材を活用するようお勧めいたします。

また，BECの出題分野は，他の試験科目と共通する内容が多い点が特徴です。FARで学ぶ現在価値の概念や金利計算の知識は，ファイナンスで役立ちます。AUDで学ぶ監査や内部統制の概念は，コーポレート・ガバナンスに共通する点が多くあります。

▓ 記述問題は，コミュニケーションが焦点

BECでは，唯一，記述形式の問題（Written Communication）が15％の配点で出題されます。

CPA試験は，75点以上のスコアで合格となりますから，たとえ，記述問題を白紙で提出したとしても合格は可能です。とはいえ，基本的な答案形式とキーワードやフレーズを覚えておけば，5～10点はとれますから，捨ててしまうのは得策ではありません。

BECの記述問題では，タイトルが示すようにコミュニケーション

に焦点があてられます。エントリーレベルのCPAが遭遇しそうな状況が記され，クライアントへのアドバイスや問題点の指摘，役員や上司への報告といったかたちで文章を作成させます。

ほとんどの採点は機械が行いますので，採点対象となるキーワードやフレーズを盛り込むことが高得点の鍵になります。

15％の配点である記述問題に多くの学習時間を費やす必要はありませんが，5〜10点くらいはとれるよう準備しておきましょう。

> ### column 合格体験記＆資格の活かし方
>
> ◎在学中にCPAに合格したYさんからのアドバイス
>
> 　学生は単位などが足りないので，CPAの受験条件がクリアできません。まずは受験のための単位を取得して，受験資格を得るのが第1ステップです。受験資格を得，日程を決めると，嫌でもモチベーションがあがります。
>
> 　第2ステップは，効率的な学習です。二度ほど，問題集を解き，基礎事項を頭に埋め込みましたが，細かい事を一つひとつ覚えるのは無理があります。細かい所を最初から暗記しようと思ってはいけません。受験2週間前で，細かい要点は暗記するようにしました。この追い込みは，私が学生で集中して学習可能な時間があったからできたのだと思います。そして第3ステップは，「早目にシミュレーションに取り組む」ことです。
>
> 　最後に模擬試験を受けましょう。スクールで本番と同じ環境で受けられますし，本番のタイムスケジュール把握のためには必須です。モチベーションを落とさないように注意しましょう。

【監修者紹介】

金児　昭
（かねこ　あきら）

信越化学工業(株)顧問，経済・金融・経営評論家，作家，日本CFO（最高「経理・財務」責任者）協会最高顧問，世界と／または日本「経理・財務」研究学会会長，前金融監督庁（現金融庁）顧問（専門分野「企業会計」），前公認会計士試験（筆記・口述）・試験委員。

［略　歴］

1936年生まれ。

61年，東京大学農学部農業経済学科卒業，信越化学工業(株)入社，以来38年間，経理・財務部門の実務一筋。

92〜99年，常務取締役（経理・財務，法務，資材関係担当）。

94〜97年，公認会計士試験（筆記・口述）・試験委員。

95年，平成7年度納税表彰（麹町税務署長）。

96年〜，社交ダンス教師有資格者。

98〜2000年，金融監督庁（現金融庁）顧問（専門分野「企業会計」）。

2011年1月1日に「World and／or Japan "Accounting & Finance" Association（世界と／または日本「経理・財務」研究学会）を創立，初代会長。

2013年没。

［著　書］

『金児のBu−Ki（武器＝Weapon）＝Book(決算書)−Keeping(経営＝仕分け)＝Financial Statements−Management（Journalizing)』，『損益トントン点の経営が世界一やさしく分かる本』（税務経理協会），『Mr. 金川千尋　世界最強の経営』（中経出版，英訳本は税務経理協会），『「できる社長」のお金の使い方』（イースト・プレス，英訳本は税務経理協会），『信越化学工業　中興の祖　小田切新太郎　社長の器』（イースト・プレス），『新版・教わらなかった会計』，『「利益力世界一」をつくったM＆A』（日本経済新聞出版社），『仕事が10倍うまくいくマイナス思考術』（PHP研究所），『ブルースとジルバの早わかりステップ（足型）集』（モダン出版）など138冊。

【著者紹介】

三輪 豊明(みわ とよあき)

［略 歴］

1961年東京生まれ。東北大学経済学部卒業後，大和証券を経て大手通信機器メーカー入社。94年同社退社後，国際資格の重要性を痛感し，USCPA（米国公認会計士）を取得。95年にU.S.エデュケーション・ネットワーク（現㈱アビタス）を設立。現在，同社代表取締役として活躍。カリフォルニア州立大学イーストベイ校講師，公認内部監査人（CIA）。

［著 書］

『英文会計の基礎テキスト』（共著）『英文会計の中級テキスト』『英文会計の上級テキスト』（以上，日本能率協会マネジメントセンター）。『図解やさしくわかる国際会計基準のポイント』（フットワーク出版）。『入門 英文決算書の見方・読み方』（共著，日本実業出版社）。

㈱アビタス

USCPA（米国公認会計士）やCIA（公認内部監査人），英文会計などの資格・スキルの総合専門校。

日本語で学べるオリジナルプログラムで，会計知識ゼロからビジネスパーソンが１年でCPA合格を目指せる講座を開講中。新宿・八重洲・大阪での通学コースに加え，海外からも受講可能な通信コース（eラーニング）も人気。

USCPA（米国公認会計士）に関する説明会を毎週各地で開催中。詳しくはhttp://www.abitus.co.jp/にて。

スクール資料の入手は　アビタス

〒151-0053　東京都渋谷区代々木２-１-１　新宿マインズタワー15階
Tel　03-3299-3330　Fax　03-3299-3777

CPA試験情報満載のwebサイトは，http://www.abitus.co.jp/
スクールへのお問い合わせはinfo@abitus.co.jp

著作権者との契約により検印省略

平成25年1月5日	初　版第1刷発行	グローバルキャリアをめざせ！
平成26年4月20日	初　版第4刷発行	**USCPA（米国公認会計士）**
平成27年1月20日	改訂版第1刷発行	**合格へのパスポート**
平成28年8月10日	改訂版第5刷発行	〔第3版〕
平成28年10月1日	第3版第1刷発行	
平成29年2月1日	第3版第2刷発行	
平成29年7月20日	第3版第3刷発行	
平成29年12月20日	第3版第4刷発行	
平成30年4月20日	第3版第5刷発行	

監 修 者　金　　児　　　　昭
著　　者　三　輪　豊　明
発 行 者　大　坪　克　行
印 刷 所　税経印刷株式会社
製 本 所　牧製本印刷株式会社

発 行 所　〒161-0033　東京都新宿区
　　　　　下落合2丁目5番13号

株式会社　**税務経理協会**

振　替　00190-2-187408
ＦＡＸ　(03)3565-3391

電話　(03)3953-3301（編集部）
　　　(03)3953-3325（営業部）

URL　http://www.zeikei.co.jp/
乱丁・落丁の場合は，お取替えいたします。

ⓒ　金児　昭・三輪豊明　2016　　　　　　　　　Printed in Japan

本書の無断複写は著作権法上での例外を除き禁じられています。複写される
場合は，そのつど事前に，（社）出版者著作権管理機構（電話 03-3513-6969，
FAX 03-3513-6979，e-mail：info@jcopy.or.jp）の許諾を得てください。

JCOPY <（社）出版者著作権管理機構　委託出版物>

ISBN978-4-419-06405-1　C3034